FINAL STEPS
IN CHRISTIAN MATURITY

영적 성장 깊이 체험하기

FINAL STEPS IN CHRISTIAN MATURITY
by Jeanne Guyon

Copyright ⓒ 2005 SeedSowers
Originally published in English under the title Final Steps in Christian Maturity and published by SeedSowers Publishing House, PO Box 3317, Jacksonville, Florida, 32206 USA
All rights reserved.

Korean Edition published by Word of Life Press, Seoul 2007
Translated and published by permission.
Printed in Korea.

영적 성장 깊이 체험하기

ⓒ 생명의말씀사 2007

2007년 11월 15일 1판 1쇄 발행
2024년 2월 27일　　12쇄 발행

펴낸이 | 김창영
펴낸곳 | 생명의말씀사

등록 | 1962. 1. 10. No.300-1962-1
주소 | 서울시 종로구 경희궁1길 6 (03176)
전화 | 02)738-6555(본사) · 02)3159-7979(영업)
팩스 | 02)739-3824(본사) · 080-022-8585(영업)

기획편집 | 박미현, 유정희
디자인 | 오수지
일러스트 | 함서정
인쇄 | 영진문원
제본 | 다온바인텍

ISBN 978-89-04-15736-5 (03230)

저작권자의 허락없이 이 책의 일부 또는 전체를
무단 복제, 전재, 발췌하면 저작권법에 의해 처벌을 받습니다.

FINAL STEPS IN CHRISTIAN MATURITY

영적 성장 깊이 체험하기

: 욥기의 고난 중에 드리는 아가서의 사랑 고백

잔느 귀용 지음 | 김진선 옮김

생명의말씀사

단지 십자가를 지려는 사람들은 많다.
그러나 십자가에 쏟아지는
오명을 감당하려는 사람은 없다.

-잔느 귀용-

| Contents |

서문_ 귀용은 왜 이 글을 썼는가? · 10

프롤로그_ 영적 성장의 최고봉은 어디인가? · 14

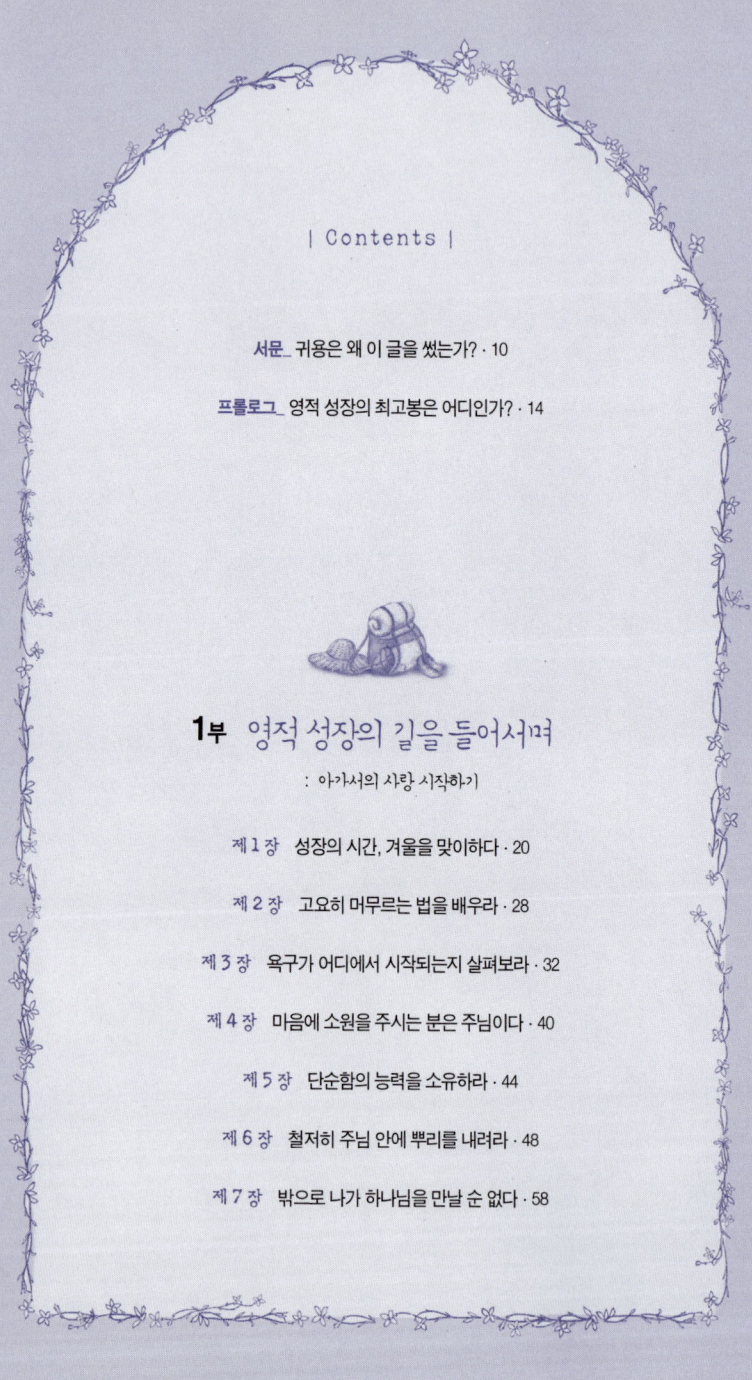

1부 영적 성장의 길을 들어서며
: 아가서의 사랑 시작하기

제 1 장   성장의 시간, 겨울을 맞이하다 · 20

제 2 장   고요히 머무르는 법을 배우라 · 28

제 3 장   욕구가 어디에서 시작되는지 살펴보라 · 32

제 4 장   마음에 소원을 주시는 분은 주님이다 · 40

제 5 장   단순함의 능력을 소유하라 · 44

제 6 장   철저히 주님 안에 뿌리를 내려라 · 48

제 7 장   밖으로 나가 하나님을 만날 순 없다 · 58

제 8 장　자아의 집중을 지나 하나님께 몰입하다 · 64

제 9 장　진정한 기독교적 삶이 시작된다 · 70

제 1 0 장　영적 중독과 교만을 구별하라 · 76

제 1 1 장　내면의 결점을 모두 끄집어내신다 · 80

제 1 2 장　오직 소수만이 이 성장을 경험할 수 있다 · 86

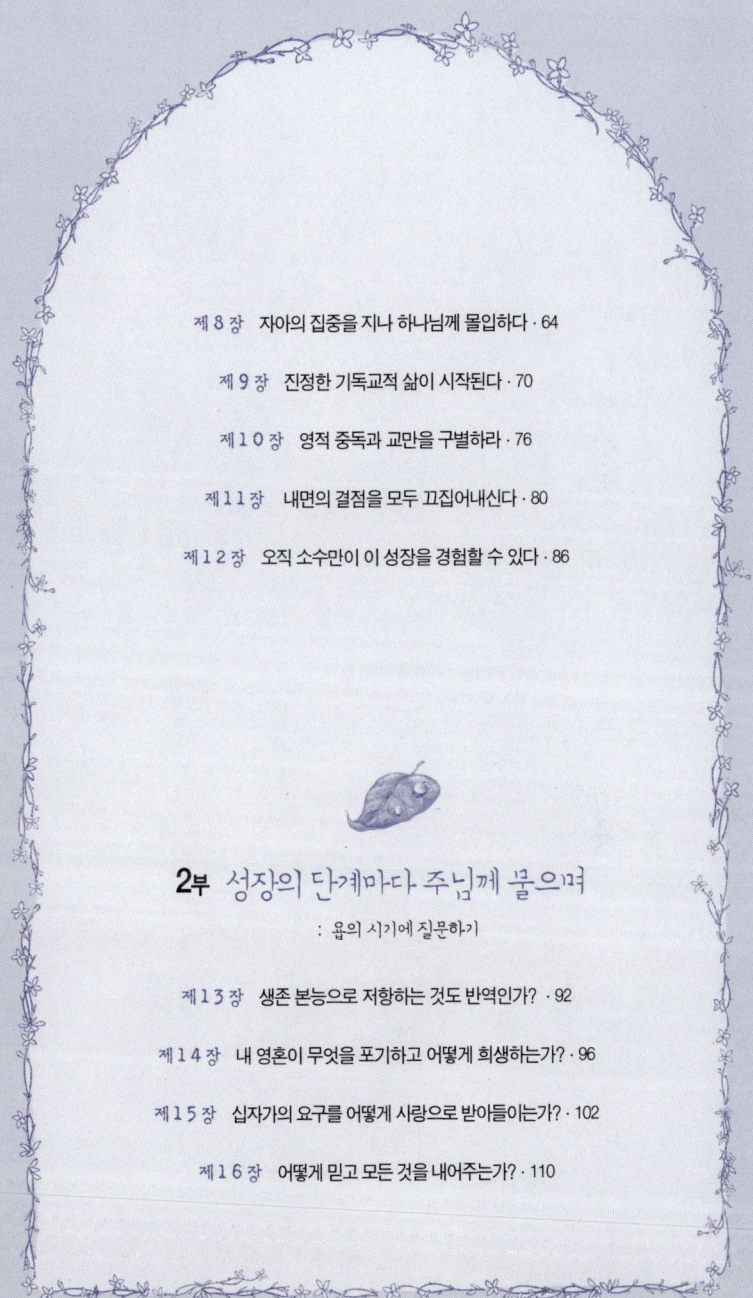

2부　성장의 단계마다 주님께 물으며
: 욥의 시기에 질문하기

제 1 3 장　생존 본능으로 저항하는 것도 반역인가? · 92

제 1 4 장　내 영혼이 무엇을 포기하고 어떻게 희생하는가? · 96

제 1 5 장　십자가의 요구를 어떻게 사랑으로 받아들이는가? · 102

제 1 6 장　어떻게 믿고 모든 것을 내어주는가? · 110

제17장 왜 그토록 철저히 무너뜨리시는가? · 114

제18장 내적으로, 외적으로 상처를 받아야 하는가? · 118

제19장 그리스도인이 그리스도인을 박해하다니? · 122

제20장 하나님이 질투하시는 이유는 무엇인가? · 126

제21장 인간의 자유의지를 어떻게 이끄시는가? · 130

제22장 영적 성숙은 살아있는 동안 완성될까? · 136

제23장 하나님의 심오함으로 들어가는 마지막 관문 · 142

3부 영적 성장의 마지막을 넘어서며
: 변함없이 사랑 체험하기

제24장 모든 것이 다시 회복되다 · 148

제25장 자아가 철저하게 파괴되고 망하다 · 152

제26장 더 깊은 사랑으로 지식을 낳는다 · 156

제27장 성경을 더욱 깊이 이해하고 따른다 · 162

제28장 또 다른 광야, 새로운 사역지로 · 166

제29장 모든 것을 하나님께 맡기라 · 170

제30장 길과 진리와 생명이신 예수를 따르라 · 174

제31장 다볼산 후에는 갈보리의 십자가가 있다 · 178

제32장 하나님 안에서, 하나님에 의해서, 하나님을 위해서 · 186

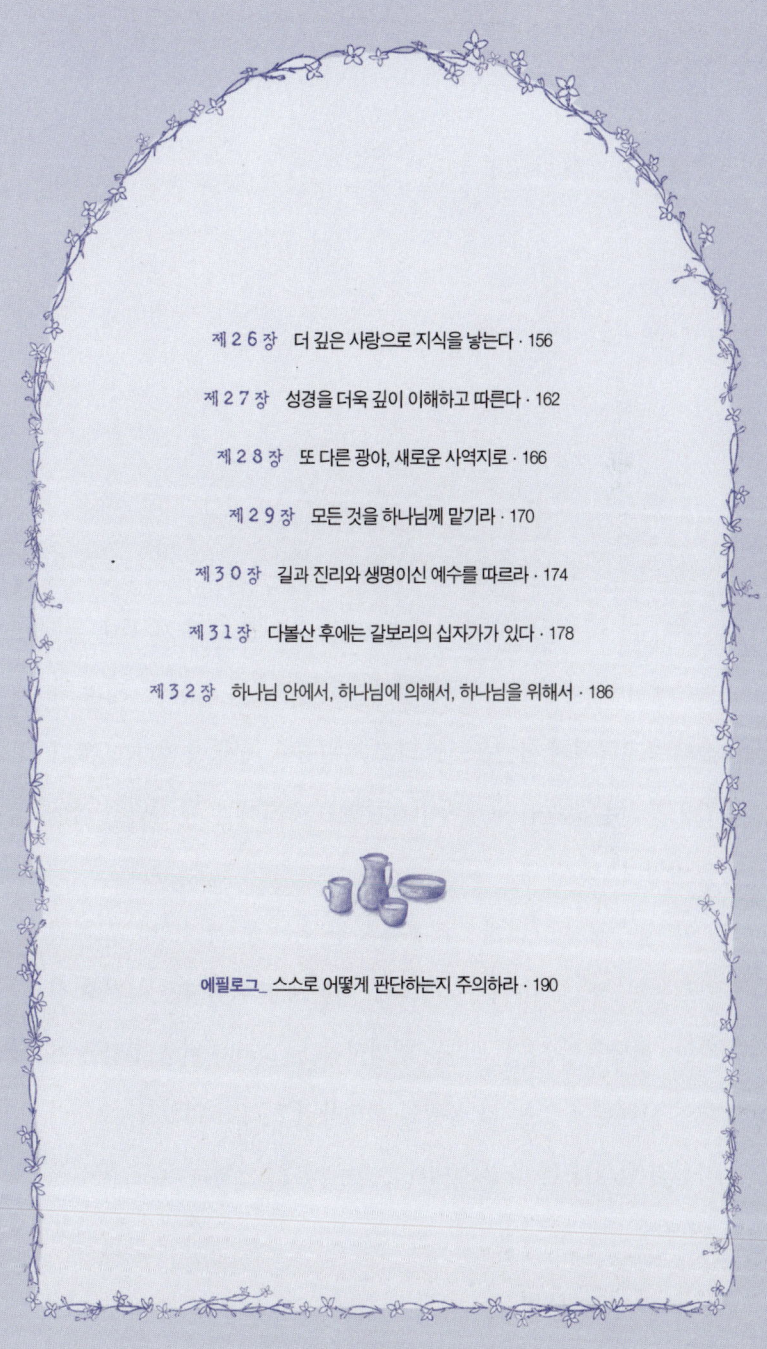

에필로그 스스로 어떻게 판단하는지 주의하라 · 190

서문 :
귀용은 왜 이 글을 썼는가?

　루이 14세는 잔느 귀용에게 모(Meaux)라는 도시에 가서 대주교 보쉬에(아마 유럽에서 가장 유명한 성직자였던 것 같다)와 다른 두 명의 가톨릭 주교들에게 심문을 받으라고 명령했다. 명령에 따라 모에 간 귀용 부인은 그동안 자신이 가르쳤던 주제에 대해 세 사람의 심문을 받았다.
　이 세 주교가 그녀에게 적용할 만한 죄는 두 가지였다. 그녀의 가르침이 '이단'이라는 것과 다소 약하게 표현했지만 여전히 심각한 '이단적인 의견'이라는 죄명이었다. 그러나 귀용 부인은 자신이 오해받고 있는 그 상황을 모면하려고 하지 않았다. 오히려 자신의 혐의가 곧 풀릴 것이라는(어쩌면 인정도 받을 수 있다는) 확신을 가지고 세 주교를 만났다. 불행하게도 상황은 그녀에게 호의적이지 않았다.

세 주교는 잔느 귀용의 책 『예수 그리스도를 깊이 체험하기』 Method of Prayer : Experiencing the Depth of Jesus Christ, 생명의말씀사와 『아가서 주석』 Song of Songs을 증거로 그녀의 운명을 결정했다.

지혜로운 행동인지, 어리석은 행동인지 모르겠지만, 잔느 귀용은 자신이 가르쳤던 내용을 더 자세히 설명하기 위해 직접 모든 내용을 글로 기록해 성직자들에게 건네주었다. 귀용은 50일 동안 『변명』 Justifications이라는 제목으로 각기 400페이지 정도에 달하는 세 권짜리 방대한 논문을 저술하였다. 우리가 아는 한 이 세 권짜리 저작물은 단 한 번 불어판으로 출간되었다. 지금까지 이 유일한 이 불어 인쇄판이 남아있다면 아마 프랑스의 어느 곰팡내 나는 창고에 처박혀 있을 것이다.

그러다 1915년 이 거대한 분량의 논문 중 일부를 발췌하여 작은 영어판 저작물을 발간하였다. 바로 지금 당신이 손에 들고 있는 이 책이다.

확신컨대, 당신은 가장 최고의 글을 선택했다는 자부심을 가져도 좋다. 이 요약본은 각각 400페이지에 달하는 잔느 귀용의 논문에서 가장 뛰어난 글을 발췌했기 때문이다!

『변명』이란 어떤 책인가?

귀용은 로마 가톨릭 교회가 숭배하는 과거의 교부들이 쓴 책의 글을 발췌해 자신의 가르침과 비교하였다. 그녀는 그 책의 저자들이 자신보다 더 강한 표현을 사용했고 더 단호하게 가르쳤다고 말했다. 그러나 그녀의 모든 노력은 무용지물이 되고 말았다. 당시 사람들이 과연 그녀의 『변명』에 눈길이라도 주었을지 의심스러울 뿐이다!

결국 귀용은 보쉬에의 감독을 받으며 모 지방의 어느 수도원에서 6개월간을 지냈다. 6개월 후 보쉬에는 귀용을 석방했지만, 왕은 이 사실을 알고 크게 격분하였다. 루이스 왕은 다시 그녀를 체포해 감금하였다.

그 후 수세기 동안 『변명』은 사람들의 주목을 받지 못하고 묻혀 있었다. 그러나 이 글이 다시 현대 요약본으로 세상에 나온 과정을 생각해보라. 1,200페이지에 달하는 방대한 글에서 최고의 내용인 10%만을 골라 우리에게 전달할 이유가 무엇이었겠는가? 『변명』은 귀용의 작품 중에서도 최고로 주목받기에 손색이 없다. 그 사실을 확신한 이들의 손을 거쳐 이 책은 확실하고 세심한 내용 검증과 발췌를 통해 세상에 나왔다. 현대 그리스도인들도 얇지만 놀라운 이 책의 내용을 읽고 또 읽어 영성에 대한 깊은 묵상에 이르기를 바란다.

프롤로그 :
영적 성장의 최고봉은 어디인가?

『아가서 5장』

나의 누이, 나의 신부야 내가 내 동산에 들어와서 나의 몰약과 향 재료를 거두고 나의 꿀송이와 꿀을 먹고 내 포도주와 내 젖을 마셨으니 나의 친구들아 먹으라 나의 사랑하는 사람들아 마시고 많이 마시라 내가 잘지라도 마음은 깨었는데 나의 사랑하는 자의 소리가 들리는구나 문을 두드려 이르기를 나의 누이, 나의 사랑, 나의 비둘기, 나의 완전한 자야 문 열어 다고 내 머리에는 이슬이, 내 머리털에는 밤 이슬이 가득하였다 하는구나 내가 옷을 벗었으니 어찌 다시 입겠으며 내가 발을 씻었으니 어찌 다시 더럽히랴마는 나의 사랑하는 자가 문틈으로 손을 들이밀매 내 마음이 동하여서 일어나서 나의 사랑하는 자 위하여 문을 열 때 몰약이 내 손에서, 몰약의 즙이 내 손가락에서 문빗장에 듣는구나 내가 나의 사랑하는 자 위하여 문을 열 었으나 그가 벌써 물러갔네 그가 말할 때에 내 혼이 나갔구나 내가 그를 찾 아도 못 만났고 불러도 응답이 없었구나 성중에서 행순하는 자들이 나를 만나매 나를 쳐서 상하게 하였고 성벽을 파수하는 자들이 나의 웃옷을 벗 겨 취하였구나 예루살렘 여자들아 너희에게 내가 부탁한다 너희가 나의 사랑하는 자를 만나거든 내가 사랑하므로 병이 났다고 하려무나 여자 중 극히 어여쁜 자야 너의 사랑하는 자가 남의 사랑하는 자보다 나은 것이 무 엇인가 너의 사랑하는 자가 남의 사랑하는 자보다 나은 것이 무엇이기에 이같이 우리에게 부탁하는가 나의 사랑하는 자는 희고도 붉어 만 사람에 뛰어난다 머리는 정금 같고 머리털은 고불고불하고 까마귀같이 검구나 눈 은 시냇가의 비둘기 같은데 젖으로 씻은 듯하고 아름답게도 박혔구나 뺨 은 향기로운 꽃밭 같고 향기로운 풀언덕과도 같고 입술은 백합화 같고 몰 약의 즙이 뚝뚝 떨어진다 손은 황옥을 물린 황금 노리개 같고 몸은 아로새 긴 상아에 청옥을 입힌 듯하구나 다리는 정금 받침에 세운 화반석 기둥 같 고 형상은 레바논 같고 백향목처럼 보기 좋고 입은 심히 다니 그 전체가 사 랑스럽구나 예루살렘 여자들아 이는 나의 사랑하는 자요 나의 친구일다

당신은 과연 어느 정도까지 당신의 의지로 기꺼이 하나님께 복종할 수 있는가? 어느 정도가 가장 적절하다고 생각하는가? 자발

적으로 자신의 의지를 복종시킬 수 있는 한계, 즉 포기하는 삶의 최후 마지노선은 어디까지라고 생각하는가?

아가서 5장 말씀을 보라. 당신은 그 안에서 영원한 생명의 소망까지 포기했던 한 영혼을 만날 수 있다. 그의 고백에는 포기하는 삶에 대한 깊은 통찰력이 담겨 있다. 이 특별한 성도가 영원한 생명을 상실했다는 말이 아니다. 다만, 그 성도가 자신의 희망마저 기꺼이 하나님께 내어드렸다는 것이다. 그에게는 오직 하나님을 향한 현재적인 사랑 말고는 아무것도 필요 없었다. 하나님을 사랑함으로 받을 수 있는 어떤 개인적인 바람도 모두 내버린 채, 자신을 내어드렸다.

인간적이고 세상적인 관점으로 보면 이 그리스도인은 분노로 날뛰는 적의 수중에 잡혀 심지어 하나님마저도 그를 버린 것 같은 상황인지도 모른다. 확실히 그는 구원에 대한 모든 소망도 포기한 것처럼 보인다.

우리는 여기서 참되고 위대한 희생, 하나님께 자신의 모든 것을 의탁하는 한 영혼의 기념비적 복종을 볼 수 있다. 참으로 순수한 희생의 모습이다. 이러한 희생의 동기는 분명 사랑이다. 과도할 정도로 차고 넘치는 사랑이다. 이 사랑은 모든 이기적 관심에 대한 포기를 동반한다. 이 그리스도인은 하나님께 죄를 짓기보다는 차라리 지옥에 떨어지기를 원한다. 역설적이게도 그는 자신이 어떤 끔찍한 죄를 범할지도 모른다고 생각한다. 그 고통은 매우 심각하다. 그는 하나님께 범죄하는 것에 매우 민감했다. 오히려 이것 때문에 그의 고통은 너무나 현재적이고 절박하다. 심지어 "오, 주여, 제가 범죄하는 것을 허용하시느니, 차라리 저를 멸하소서"라고 울부짖고 싶은 심정이다.

어떤 그리스도인들은 지옥을 죄에 대한 형벌로 생각하기 때문에 지옥에 가는 것을 두려워한다. 하지만 이 그리스도인은 자신이 하나님께 고의적으로 죄를 범하기보다는 차라리 지옥에 가는 것이 낫다고 생각할 정도로 죄 짓는 것을 두려워한다. (이 성도가 영적 성장이 더 진행되면, 주님 앞에서 스스로 무가치하다는 인식은 점점 사그라질 것이다. 포기와 인내 그리고 마음의 평화로 그런 생각은 점점 약해진다.)

복종과 포기에 대한 이 최고의 기준을 명심하라. 이 기준이 우리 눈앞에서 사라지지 않도록 주의하면서, 이제 삶의 내면을 탐험하는 모험을 떠나자.

Final Steps in Christian Maturity

01 성장의 시간, 겨울을 맞이하다　02 고요히 머무르는 법을 배워라　03 욕구가 어디에서 시작되는지 살펴보라　04 마음에 소원을 주시는 분은 주님이다　05 단순함의 능력을 소유하라　06 철저히 주님 안에 뿌리를 내려라　07 밖으로 나가 하나님을 만날 순 없다　08 자아의 집중을 지나 하나님께 몰입하다　09 진정한 기독교적 삶이 시작된다　10 영적 중독과 교만을 구별하라　11 내면의 결점을 모두 끄집어내신다　12 오직 소수만이 이 성장을 경험할 수 있다

1부

영적 성장의 길을 들어서며

: 아가서의 사랑 시작하기

제1장
성장의 시간,
겨울을 맞이하다

당신이 영혼의 순례 길을 걷고 있다면, 재앙을 당하거나 메마른 건기가 계속될 때, 그리고 사람들이 영적인 겨울이라고 부르는 때가 찾아올 때 반드시 기억해야 한다. 생명은 계속 그 자리에 있다. 겨울이 와도 말이다.

나는 겨울이라는 계절이 그리스도인의 삶에서 일어나는 변화를 이해할 수 있는 훌륭한 예라고 생각한다. 하나님께서 자기 백성들의 삶에서 불완전한 것들을 제거하기 위해 행하시는 정화 작업을 겨울을 맞이하는 식물의 세계가 잘 반영하고 있기 때문이다.

한겨울 찬바람의 날개를 타고 추위가 찾아오면 나무들은 잎사귀들을 떨어뜨리기 시작한다. 초록빛 잎들은 죽음의 그림자를 드리운 듯 갈색으로 퇴색하고 얼마 지나지 않아 땅에 떨어져 죽는다. 발가벗은 채 황량한 모습으로 서 있는 겨울나무를 떠올려보라. 한여름의 아름답던 초록빛 옷을 빼앗긴 불쌍한 나무의 모습을 가만히 바라다보라. 어떤 일이 일어나는가? 당신은 지금 계시를 보고 있다.

초록의 아름다운 잎사귀들 아래에는 온갖 종류의 불완전함과 결함이 숨어 있었다. 단지 아름다운 잎사귀들이 그 결점들을 가리고 있었을 뿐이다. 하지만 이제 그 결함들이 당신 앞에 충격적일 정도로 적나라하게 모습을 드러낸다! 모든 잎사귀를 떨어뜨리고 겨울을 견뎌내고 있는 나무의 겉모습만 보면 나무는 더 이상 아름답지 않다. 그렇다면 그 나무가 변한 것일까? 전혀 그렇지 않다. 나무는 예전 모습 그대로다. 처음부터 그 모습이었다. 다만 실제 모습을 가려줄 잎들이 사라졌을 뿐이다. 다시 말해 겉을 둘러싼 잎사귀들의 외면적 아름다움이 항상 존재해 왔던 내면을 숨겨주었을 뿐이다.

당신뿐 아니라 모든 그리스도인들도 마찬가지다. 생명이 사라지기 전까지 우리는 모두 황홀할 정도로 아름다운 모습을 보일 수 있다. 하지만 아무리 아름다운 모습을 지닌 그리스도인이라 할지라도 결함투성이의 본모습이 그대로 드러날 날이 반드시 온다. 주님께서 당신을 정결하게 만드시기 위해 임하시는 날, 당신을 아름답게 덮어 주었던 모든 것을 빼앗긴 벌거벗은 모습으로 서야 할 때가 올 것이다! 그러나 나무 속에는 여전히 생명이 존재한다. 당신이 겨울나무로 서 있다고 해서 갑자기 악해진 것이 아니다. 다만 당신의 실제 모습을 그대로 보았을 뿐이다. 그러나 겨울나무 내부 깊숙한 곳 어딘가에는 지난 봄, 아름다운 잎들을 틔워냈던 생명이 여전히 존재하고 있다는 사실을 기억해야 한다.

그렇다. 그리스도인의 가장 깊은 내면에 자리한 존재는 본질적인 품성을 상실하지 않았다. 그가 가진 장점을 잃어버리지도 않았다. 그가 잃은 것은 단지 지극히 인간적인, 자신이 선하다는 외면적 외식일 뿐이다. 대신 그는 처절할 정도로 비참한 자신의 상태를 깨닫고 주님을 편하게 따르려던 안일함에서 벗어나게 된다. 그 편안함은 무엇보다도 자아에 대한 무지에서 비롯된 것이기 때문이다.

나무에게 일어나는 이 일이 당신에게도 일어난다. 그리스도인은 이제 벌거벗고 상처받아 아무것도 가리지 않은 모습 그대로 드러나게 될 것이다. 주변의 모든 사람들이 처음으로 그의 모든 결함들을 보게 된다. 이전에는 가려져 있었고 외적인 덕목들로 숨겨져 있었던 결함들이 가감 없이 볼썽사납게 드러나는 것이다.

때론 그렇게 벌거벗고 나서 그 사람의 자존심이 너무나 치명적인 상처를 입어 다시 원래 상태를 회복하지 못하고 다른 수준의 그리스도인으로 살아가거나 혹은 완전히 주님을 따르는 길을 포기하게 되는 경우도 있다.

길고 차가운 겨울 내내 숲 속의 모든 나무들 중 가장 처절하게 말라비틀어져 마치 죽은 나무처럼 서 있어야 할지도 모른다. 그 나무는 실재를 알지 못한 채 철저한 파멸을 경험하고 비참함을 감당해야 한다.

하지만 분명 진실은 어딘가에서 움트고 있다. 실제로 그 나무는 자신의 생명을 보존하고 자신을 강건하게 만들어 줄 과정을 경험하는 중이다. 이제 그 과정의 막바지에 도달할 찰나인 것이다. 그렇다면 겨울의 궁극적인 역할은 무엇일까? 겨울은 나무의 외면을 위축시킨다. 이를 통해 나무 깊은 곳에 있는 생명이 더 이상 쓸데없이 소진되지 않도록 돕는다. 대신 나무의 생명은 가장 깊숙한 줄기와 보이지 않는 뿌리 부분으로 모여든다. 생명이 나무의 가장 깊은 내면 속으로 점점 더 깊이 파고드는 것이다.

겉으로는 나무가 죽은 것처럼 보여도 실제로 겨울은 나무를 보호하는 긍정적인 역할을 감당한다. 그렇다. 잎사귀들이 떨어져 일그러진 나무의 실상이 드러나지만 나무는 그때 가장 생생한 생명력을 지니게 된다. 그 어떤 계절보다도 겨울 동안 생명의 원천과 원리가 더 확고하게 뿌리를 내린다.

봄과 여름 그리고 가을까지도 나무는 자신을 치장하고 아름답게 하는 데 모든 에너지를 소비한다. 하지만 그것은 나무의 생명을 소비하고 줄기의 가장 깊은 곳과 뿌리에 있는 생명력을 소모하는 대가를 치른다. 이러한 나무가 생존하며 번성하기 위해서 겨울은 반드시 있어야 할 계절이다.

아름다운 품성이 외면에서 완전히 사라질 때는 선천적인 결함들을 더욱 두드러지게 겉으로 드러내놓고 그리스도인의 내면으로 깊이 함몰해 버린다. 우리가 이것을 볼 수 있는 눈이 있다면 그 아름다움을 정확히 보게 될 텐데.

은혜가 당신의 삶에 임하는 방식도 정확히 이와 같다. 하나님께서 당신을 감싸고 있던 잎사귀들을 빼앗아 가신다. 분명 무엇인가가 당신의 잎사귀들을 떨어뜨려 외적인 미덕이 무너져 내리는 것을 경험한다. 그분이 그렇게 하시는 이유는 아이러니하게도 성품의 근원을 강하게 만드시기 위해서이다. 당신의 성품은 바닥부터 다시 세워진다. 영혼 깊숙한 곳에서 무언가가 계속해서 일을 한다. 내 영 아주 깊은 곳에서 하나님의 가장 고결한 작업이 쉼임없이 이루어지고 있다. 이 일은 당신을 향한 하나님의 순결한 사랑이다.

내면 가장 깊은 곳에서 자아에 대한 절대적 포기와 멸시가 일어난다. 이 포기와 자기 멸시의 과정을 통해 우리 내면의 인격은 성장한다. 결국 우리의 영혼은 내면의 성숙을 위해 모험을 하고 있는 것이다. 사실, 하나님의 사역이 그리스도인들의 외적인 부분에 집중해 있는 것처럼 보이고, 힐끗 눈을 돌려 보기에도 밖으로 드러난 것들은 그리 보기 좋지는 않다. 그러나 그 영혼에게 새로운 결함이 생겨난 것이 절대 아니다. 단지 이미 존재했던 결함들이 드러났을 뿐이다. 결함을 밖으로 드러내면서 점점 치유가 이루어진다.

당신이 영혼의 순례 길을 걷고 있다면, 재앙을 당하거나 메마른 건기가 계속될 때, 그리고 사람들이 영적인 겨울이라고 부르는 때가 찾아올 때 반드시 기억해야 한다. 생명은 계속 그 자리에 있다. 겨울이 와도 말이다.

Final Steps
in Christian Maturity

 그리스도인이 고통 가운데 있을 때는

십자가만 보인다. 그 십자가는 십자가의 모습으로 당신에게 다가오는 주님의 모습이다. 당신이 가장 쓰라림을 느끼는 그 고통의 때에 주님은 당신과 가장 가까이 계신다. 바로 당신의 가슴 한가운데 내주하시는 것이다.

제 2 장
고요히 머무르는
법을 배우라

참된 그리스도인이라면 주님 앞에 나아갈 때,
마음의 동기가 자아에서 시작되진 않았는지 살피고
자아의 영향력을 철저히 죽이는 법을 배워야 한다.

영적 순례자는 맨 처음 하나님 앞에 고요히 머무르는 법을 배워야 한다. 아무런 요구도 없이, 어떤 문제든 자신의 뜻을 일체 포기한 채 그분 앞에 나아가는 것이다.

그리스도인이 자기 자신의 힘으로 살려고 한다면 그는 변명의 여지없이 하나님의 행보를 방해하고 있는 것이다. 그런 사람은 그저 자신이 하고자 일에 열심이었을 뿐이다. 그는 "하나님에 의해서"가 아니라 단지 "하나님을 위해서" 자신이 뭔가를 하는 길을 선택했다. 하지만 참된 그리스도인이라면 주님 앞에 나아갈 때, 마음의 동기가 자아에서 시작되진 않았는지 살피고 자아의 영향력을 철저히 죽이는 법을 배워야 한다. 자아에서 시작한 행동은 결국엔 이기적인 본성만 강화시킨다. 자기의 뜻을 모두 버리고 주님 앞에 머무른다면 그는 부드러운 윤활유처럼 되어 하나님의 손에 온전히 쓰임받게 될 것이다.

이제 이러한 그리스도인은 적극적으로 자신의 의지를 사용하기는 하지만 자신의 동기가 개입되지 않고 완전히 주님께 자신을 내어드린 새로운 상태에서 움직이게 된다. 어떠한 행동도 더 이상 자아에서 시작된 움직임이 아니다. 그의 모든 행동은 그의 가슴 속에 내주하시는 성령님의 부드러운 사랑의 영향력에 의해 이루어진다.

FINAL STEPS
IN CHRISTIAN MATURITY

 거룩하신 주님과 연합하기를 열망하는

그리스도인은 하나님의 모든 것 되심과 자신의 무가치성을 인정해야 한다. 그는 자신의 이기적 본성에 대해서는 경멸과 증오심을 가져야 하며 하나님을 향해서는 자신의 모든 존경과 사랑을 올려드려야 한다. 이것을 통해서만 주님과의 연합에 이를 수 있다.

제 3 장
욕구가 어디에서
시작되는지 살펴보라

우리는 어떤 목적을 가지고 하나님을 사랑해서는 안 되며
심지어 우리를 지탱해 주는 어떤 감정도 의지해서는 안 된다.
우리는 영적인 풍성함을 경험할 때든, 메마르고 삭막한 땅을 걸어갈 때든 상관없이
그분을 온전히 사랑해야 한다.

　　자신의 삶을 완전히 주님께 헌신한 사람이 있다. 과연 자신의 행복과 존재 모두를 오직 하나님 손에 맡긴 사람이 계속해서 자신의 행복을 바라는 마음으로 주님 앞에 나아갈 수 있을까? 난 그럴 수 없다고 믿는다. 진정으로 하나님의 사랑 안에 거하는 자라면 오직 하나님 안에서만 자신의 모든 행복을 발견한다. 당신의 의지로, 혹은 두려워서, 심지어 '하나님을 기쁘시게 하기 위해' 하나님 안에서 기쁨을 얻고자 하는 것은 모두 끔찍한 영적 위선이며 잘못된 동기다.

　주님께 자신의 의지를 완전히 복종시키는 동기는 오직 사랑이어야만 한다. 사랑 때문에 복종하는 것이 아니라면 결국 그 복종은 육적인 것이었음이 탄로 나고 만다. 그리스도인들이 자신의 영혼과 뜻 그리고 자신의 모든 것들을 주님께 맡길 때, 자신에 대해서는 더 이상 아무것도 원하지 않고 오직 주님을 향한 열정적인 사랑으로 하나님만 바랄 때라야 그의 출발이 제대로 된 것임을 알 수 있다. 그 이유는 무엇인가? 전혀 자아의 즐거움을 목적으로 삼지 않기 때문이다.

천국의 영광이 그 동기가 되어서도 안 되고 주님의 임재에 대한 경이로운 감정이 동기가 될 수도 없다. 땅의 것이든 하늘의 것이든, 당신의 욕망이 궁극적인 대상이 되어서는 절대 안 된다. 오직 당신이 주님을 사랑했고 그분과 사랑에 빠졌으며 변함없이 그분을 사랑하는 것이 동기가 되어야 한다.

"동기는 사랑이 낳은 자식일 뿐이어야 한다"는 말에 담긴 지혜처럼, 내가 하나님만을 사랑한다면, 오직 하나님 한 분만을 갈망할 것이다. 내가 자아에 대한 모든 생각을 버리고 하나님 자신 때문에 그분을 사랑한다면, 나는 오직 그분만을 원하게 될 것이다. 후에, 내면의 모든 것이 순수했고 이기적인 동기가 전혀 없었음이 드러날 것이다.

이러한 사랑의 갈망은 '활발함'이나 '생기 넘침'을 지배적인 특징으로 삼지 않는다. 오히려 고요함과 평화로움이 나타난다. 순수한 사랑과 순수한 갈망은 고요하고 평화로우며 충만함과 만족감을 준다. 무한하신 하나님을 향해 사랑을 표현하고, 그 사랑 자체가 하나님 안에서 시작되며 그리스도인이 하나님께 영광돌림만을 목표로 한다면, 그 성도의 마음은 불안이나 충족되지 않은 욕구를 드러내는 저속한 상태로 남아있을 수 없다. "나는 충족되지 않은 바람도 전혀 없고 성취되지 않은 개인적 욕망도 전혀 없다"는 평온한 안식이 있어야 한다.

오직 이 평안만이 그리스도인이 자신의 영적 생활을 흔들리지 않게 세울 수 있는 진정하고 유일한 기초라는 사실을 깨닫기를 간절히 바란다. 그러나 아쉽게도 대부분의 그리스도인들이 이러한 상태 외에 다른 것도 섞인 마음으로 하나님을 사랑한다. 자아 때문에 생기는 갖가지 욕구들을 내면에 그대로 담아둔 채 하나님을 사랑한다고 하는 것이다. 일반적인 현실이면서 이보다 더 불행한 사실은 하나님을 향한 그리스도인의 사랑이 실제로는 자기 존재의 만족을 추구하는 사랑일 때가 많다는 것이다. 그 사람이 하나님을 추구하는 진짜 이유는 자신이 주님을 사랑할 때 느끼게 되는 감정 때문이다. 그 사랑이 식을 때(다시 말해서 그 사랑에 동반되던 감정이 사라질 때), 이 그리스도인은 하나님에 대한 흥미도 잃어버린다.

이는 자아를 추구하는 죄악이므로, 진정한 영적 성장을 경험하고자 한다면 반드시 버려야 한다. 우리는 어떤 목적을 가지고 하나님을 사랑해서는 안 되며 심지어 우리를 지탱해 주는 어떤 감정도 의지해서는 안 된다. 우리는 영적인 풍성함을 경험할 때든, 메마르고 삭막한 땅을 걸어갈 때든 상관없이 그분을 온전히 사랑해야 한다. 그리고 우리의 사랑은 하나님을 사랑함으로 얻을 수 있는 만족감을 초월해야 한다. 그렇지 않으면 우리의 어떤 사랑도 모래 위에 짓는 집에 불과하다.

사실, 하나님께서 친히 우리 안에 갈망을 심어주시기도 한다. 실제로 그리스도인들의 마음속에 어떤 갈망을 일으키는 동기를 심기도 하셨다. 바울이 "내가 그 두 사이에 끼였으니 떠나서 그리스도와 함께 있을 욕망을 가진 이것이 더욱 좋으나 그러나 내가 육신에 거하는 것이 너희를 위하여 더 유익하리라"고 외칠 때 가졌던 갈망이 바로 그랬다.

바울이 "나의 형제 곧 골육의 친척을 위하여 내 자신이 저주를 받아 그리스도에게서 끊어질지라도 원하는 바로라"라고 부르짖은 이유도 동족을 향한 그리스도 안에서의 사랑 때문이었다. 바울 안에 그 사랑의 동기를 심어주신 분도 바로 하나님이셨다. 바울이 이렇게 절규했을 때 그는 또한 모든 개인적인 이해관계에서 절대적으로 자유로운 상태였다. 그 외침에는 어떠한 자아도 존재하지 않았다. 여기서 바울은 모순적인 감정들을 표현하지만 그럼에도 그 감정들은 인간 영혼 깊은 곳에서 완전한 조화를 이루고 있다.

영혼의 깊은 곳에서는 결코 변하지 않는 어떤 일이 진행되고 있는 것이다.

그리스도인의 유일한 행복과 관심은 하나님 안에서의, 하나님을 위한, 하나님의 복되심에 있다. 성도가 바랄 수 있는 모든 갈망들이 하나님을 향한 갈망 속으로 완전히 흡수되어 버렸기 때문이다. 그럼에도 불구하고, 그의 내면에는 하나님께로부터 시작되는 갈망, 하나님과 그분의 나라에 대한 가장 적합한 갈망이 내재되어 있다.

그리스도인들이 이런 모습으로 주님께 나아갈 때는 이전에 이기적인 모습을 고수했던 때와는 큰 차이가 있을 것이다.

자아 속에서 생성되고, 자아와 관련이 있는 갈망은 아직 정결해지지 않은 의지의 결과물이다. 당신의 의지가 주님의 의지와 일치할 때까지, 그 의지를 완전히 사라지게 하시는 분은 바로 당신의 주님이다. 그러므로 주님은 때로 우리의 자아에서 나오는 욕망들을 흡수하고 파멸하셔야 한다.

당신이 아직도 자아에서 비롯한 갈망을 품고, 하나님의 뜻에 일치하지 않는 의지로 행하는지 어떻게 알 수 있는가? 그 증거는 실제로 단순하면서도 너무 쉽게 식별할 수 있다. 박해를 받아 원한이 생긴 그리스도인, 혹은 다른 그리스도인들이나 세상 사람들의 행동 때문에 낙심한 후 그들에게 적개심을 품게 된 그리스도인, 무엇보다도 심각한 경우는 하나님께 실망하고 하나님을 원망하며, 철저히 불공평하신 하나님 때문에 자신이 지금 이 모양 이 꼴이라는 불만을 품은 그리스도인, 이러한 감정들을 경험하면서 하나님의 뜻에 자신의 뜻을 복종시키지 않는 그리스도인들이 이에 해당한다. 그러한 사람은 자아에서 생긴 여러 욕망들을 여전히 지니고 있다.

우리가 항상 하나님의 뜻을 이해하지는 못해도, 그의 주권을 절대적으로 신뢰하는 것은 또 다른 문제다.

그리스도인이 하나님에 대한 자신만의 정의를 자기 기준으로 확고하게 정리한 상태에서 하나님께서 그가 기대한 것과 다르게 행동하신다면 그 사람은 분명히 낙심할 것이다. 하나님께 실망하고 낙심하는 모습은 그가 하나님의 섭리에 자신의 영혼을 온전히 맡기지 않았다는 분명한 증거이다. 그는 하나님의 영광과 존귀를 온전히 추구하는 것이 아니라 하나님에 대한 추구와 자아의 추구가 혼합되어 있는 상태에 머물러 있는 것이다. 그러한 혼합은 주님과 동행하는 내적인 삶을 파멸에 이르게 할 수도 있다.

성도가 그리스도께 자신을 더욱 깊이 내어맡길수록 외부의 박해, 불의, 심지어 하나님이 불공평하시고 진노하셨다는 생각이

들어도 더 이상 자각하지도 그것에 대해 반응하지도 않게 될 것이다.

제 4 장
마음에 소원을
주시는 분은 주님이다

성령님께서는 요청을 하시고 성부 하나님께서는 갈망을 심어주신다.
그러나 그 갈망이 그리스도인의 의지와 일치될 때에야
비로소 그 소원은 그의 것이 된다.

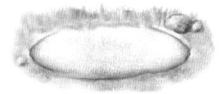

주님은 그리스도인들의 가슴에 어떻게 그분의 뜻을 심으시는가?

주님께서 성도들에게 영적인 축복, 어떤 특별한 경험, 혹은 물질을 주길 원하시는 시점이 있다. 이 때에는 우리가 기도 방법을 이해할 필요가 있다.

주님은 성도의 마음이 그 축복을 받아들일 수 있도록 준비하시고 그 성도에게 내면으로부터 싹트는 갈망을 심어 주신다(시 37:4). 주님은 어떻게 이 일을 시작하시는가?

먼저 당신 안에 내주하시는 하나님의 영인 성령님이 중보기도를 시작하신다. 이때 성령께서 하시는 중보기도는 당신을 위한 것이며 철저히 하나님의 뜻에 따라 이루어진다. 그분은 당신을 위해 중보하시며 하나님의 소원이 당신의 소원이 되게 해달라고 요청하신다. 이제 그 소원은 더 이상 하나님과 성령의 바람만이 아니라 그리스도인도 가슴으로 진정 바라는 갈망이 된다.

실제로 성령님께서는 요청을 하시고 성부 하나님께서는 갈망을 심어주신다. 그러나 그 갈망이 그리스도인의 의지와 일치될 때에야 비로소 그 소원은 그의 것이 된다.

그리스도인들이 굴욕일지라도 낮아짐을 감당하고자 하는 바람은 사실 하나님을 사랑하고자 하는 갈망에 비하면 훨씬 낮은 수준의 갈망이다. 하지만 하나님께서는 때로 그리스도인을 겸허하게 만들기를 기뻐하시기에 다른 사람의 비방을 통해서라도 우리를 겸손케 하신다. 그러므로 주님은 그리스도인의 마음속에 치욕도 달게 받고자 하는 깊은 갈망도 불어넣으신다. 나는 이것을 "갈증"(the thirst)이라고 부르겠다. (나는 여기서 "갈망"(desire)이라는 단어와 구분하기 위해서 의도적으로 "갈증"이라는 단어를 사용하였다.)

간혹 주님은 우리들에게 특정 기도 제목을 두고 기도하고 싶은 마음이 생기게 하실 때도 있다. 그럴 때 그리스도인들은 이 기도가 자신의 의지에서 비롯된 것이 아님을 분명히 인식하게 된다. 결국 기도와 갈망의 근원이 모두 하나님께 있음을 알게 되는 것이다. 때문에 성도들은 자신이 원하는 사람을 위해, 자신이 원하는 제목을 두고 자기 마음대로 기도할 수 없을 뿐 아니라 심지어 기도하고 싶은 때를 정해서 할 수도 없다.

　이러한 사실을 아는 그리스도인이라면 기도를 통해 하나님께 나아갈 때 결코 자신이 높아지거나 교만해지지 않으며 그 기도가 구체적으로 응답을 받을 때에도 스스로를 자랑스러워하거나 대견해 하지도 않는다. 그는 그 갈망을 먼저 가지셨던 분이 바로 주님이셨다는 것과 그 기도를 하신 주체도 주님이시며 그의 마음속에 그 간구를 허용하신 분도 바로 주님이심을 너무나 잘 알고 있기 때문이다.

　기도에 관한 이 모든 이해가 내게는 이 지면을 통해 표현할 수 있는 것보다 마음으로 직접 느끼면서 점점 더 무한해지고 명확해지고 있다.

제 5 장

단순함의
능력을 소유하라

> 순응함으로 얻을 수 있는 이 놀라운 보물을 깨닫기 전까지는
> 그것이 엄청난 상실처럼 느껴진다. 하지만 분명한 것은
> 이 상실을 경험하지 않는다면 이보다 더 큰 상실을 감당할 수밖에 없다는 것이다.

성분이 순수할수록 구조는 더 단순하다. 그 요소의 무아상태(selflessness)가 증대할수록 그것을 활용할 수 있는 방법도 많아진다. 예를 들어 보자. 물은 가장 순수하고 단순한 구성 요소 중 하나다. 확실히, 이 지구상 모든 만물 중에서 물보다 활용 범위가 다양한 것은 없다. 모두가 알고 있듯이 그것은 물의 유동성 때문이다. 물은 그 자체만으로는 뚜렷이 감지되는 어떤 속성도 내재하고 있지 않지만, 언제라도 온갖 종류의 것들을 수용할 수 있고 그것으로 만족할 수 있다. 물만 놓고 보면, 그 자체는 아무런 맛도 없지만 그렇기 때문에 무한하게 다양한 맛들을 담을 수 있다. 마찬가지로 물 자체가 색깔과 냄새라는 성질을 소유하진 않는다. 대신 색깔과 냄새를 가진 물질들을 물에 희석하면 그 향과 색이 그 물에 배어든다. 물이 이렇게 엄청난 다양성과 풍부한 적응력을 지닐 수 있는 것은 바로 맛과 색에 자유로울 수 있는 능력, 순수하고 단순한 속성 때문이다.

"네가 가진 속성이 무엇인가?"라고 질문한다면, 물은 "내 속성은 속성이 전혀 없다는 것입니다. 나는 순응적인 존재입니다"라고 대답할 것이다. 그럼에도 당신은 빨간 빛이 감도는 물을 보며 "하지만 너는 지금 빨간 색깔을 띄고 있는데?"라고 반문할 수도 있다. 그러면 물은 이렇게 대답할 것이다. "지금 내가 붉은 빛임에도 불구하고 원래 내 안에는 그 빨강색이 존재하지 않으며, 내게 가미된 것이 맛이든 색깔이든 상관없이 내게 이루어진 일을 조금도 의심 없이 받아들일 뿐입니다."

더 나아가, 물은 형태도 동일한 순응을 보여준다. 물은 즉각적이고 정확하게 자신을 담아내는 용기의 형태에 따라 반응한다. 유독 물이 일관되게 유지하는 성질은 온갖 종류의 색깔로 동시에 변할 수 없고 온갖 종류의 냄새도 한꺼번에 풍길 수 없듯이, 온갖 종류의 모양을 한번에 지닐 수 없다는 것이다.

인간의 의지가 단순하고 순수한 상태에 있을 경우, 그 의지와 내주하시는 성령님과의 관계도 마찬가지다. 물은 그 자체로는 맛이나 색깔을 전혀 지니지 않는다. 물맛이나 색이 그 안에 무엇이 담기느냐에 영향을 받듯, 하나님께 완전히 맡겨진 인간의 의지는 내주하시는 성령님에 의해 전적으로 영향을 받는다. 하나님은 드러난 모든 것의 창조자이시기 때문이다.

나는 그리스도인들의 의지가 물과 같아야 한다고 생각한다. 영혼은 더 이상 자신의 어떤 부분에 대해서도 지식을 고집하거나 구별하려고 하지 않으며 의지는 더 이상 어떤 것도 자신의 소유라고 주장하지 않아야 한다. 진정 순수함으로만 존재할 때 주님께서 자신에게 주시는 모든 것을 기쁨으로 받을 수 있다. 자신의 자아를 위해 어떤 것도 소유하려고 고집하지 않고 말이다.

순응함으로 얻을 수 있는 이 놀라운 보물을 깨닫기 전까지는 그것이 엄청난 상실처럼 느껴진다. 하지만 분명한 것은 이 상실을 경험하지 않는다면 이보다 더 큰 상실을 감당할 수밖에 없다는 것이다. 이런 맥락에서 물이 우리에게 주는 교훈이 얼마나 중요하고 기본적인지를 새삼 묵상해 본다.

제 6 장
철저히 주님 안에
뿌리를 내려라

그리스도인은 온갖 바람에도 더 이상 흔들리지 않는
견고한 상태까지 나아가야 하며,
시간이 흘러 고통이 지속되더라도 연약함에 굴복하면 안 된다.
비록 천상의 기쁨을 경험할 수 없는 상황에 처한다 해도
넘어지지 않는 경지에 이르러야 한다.

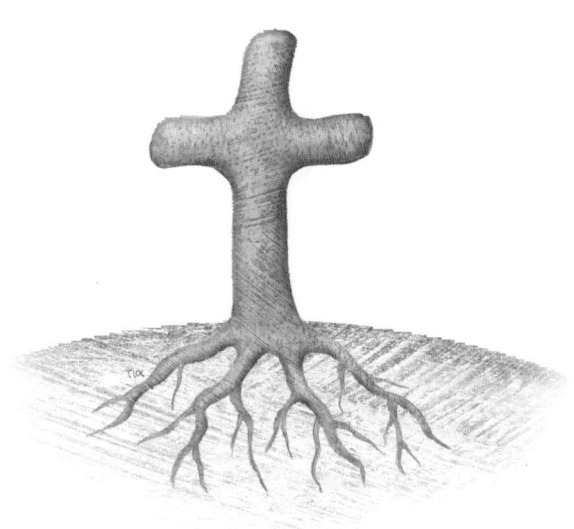

말로 표현 못할 만큼 깊이 하나님을 즐거워하는 사람은 정말 정결한 취향에 젖어들어 세속적인 것에는 즐거움을 느끼지 못한다. 그런데 이런 고차원적 기쁨을 경험하고도 주님을 멀리 떠나버리거나 죄를 짓도록 스스로를 방치하는 사람이 있다면, 그는 단지 그분이 주시는 기쁨과 그분의 선함만 추구했던 사람이다. 진심으로 하나님 때문에 하나님을 추구했던 사람이 결코 아니다.

주님께서 우리의 소유를 가져가실 때, 우리에게 가혹한 어려움을 허락하실 때, 그리고 모든 것이 불공평해 보일 때, 하나님이 "주시는 것들만 원하는" 추구자는 하나님을 떠나 다른 곳에서 자신의 기쁨을 찾는다. 하나님께서 더 이상 그에게 기쁨을 주시지 않는다면 그는 기쁨을 얻기 위해 세상과 다른 사람들, 어쩌면 다른 그리스도인들을 의지할 것이다. 그러나 우리는 그런 사람은 실제로 처음부터 똑같았다는 것을 깨달아야 한다. 즉 그는 줄곧 자신을 즐겁게 해줄 대상만을 찾아 헤매고 있었을 뿐이다. 처음부터 영적으로 성장한 적이 없다. 오로지 자신만을 사랑했고 내면적으로도 자신에게 만족스러운 느낌을 주는 것만을 원했던 것이다. 이는 자기만족(self-gratification) 그 이상도 이하도 아니다. 만족을 얻기 위해 영적인 것을 사용했던 것에 지나지 않는다.

고통을 겪고 있는 거의 모든 영혼은 너무나도 간절히 위로받기를 원한다. 이런 사람은 고통에서 벗어나기를 간절히 열망하기 때문에 기꺼이 죽고자 각오하기보다는 어떻게 해서라도 빠져 나갈 방도를 찾는다.

그리스도인들이 이러한 상태에 도달하면, 보통 둘 중 한 가지 현상이 일어난다. 그 한 가지는 이전에 했던 일들을 통해 고난과 고통에서 벗어나려는 것이다. 잃어버렸던 것을 다시 회복하여 누리기를 원하고 누군가에게 위로를 받으면서 이전으로 돌아가고자 한다. 또 다른 한 가지는 훨씬 불행한 선택으로, 하나님에 대한 의식이나 감정이 자신에게 전혀 없음을 알고 다른 곳에서 자신을 만족시켜 주고 위로해 줄 감정을 느끼길 원하는 것이다.

하나님을 그런 식으로 사랑했다면 그 사랑은 불순하며 전적으로 육적이고 이기적인 것이라고 생각한다. 심취할 수 있는 하나님에 대한 기쁨이 더 이상 존재하지 않을 때 그런 영혼은 하나님을 멀리하고 마침내 그분을 떠나버리고 만다. 영적인 경험을 가지고 감각을 만족시키고자 하는 열망은 영적 순례자의 진정한 모습이 아니다.

프란시스 드 살레(Francis De Sales)는 이렇게 말했다. "하나님에 대한 기쁨이 사라지는 순간 그들은 불법적인 쾌락에 관심을 돌린다. 영적인 향유에 동참함으로써 그들의 취향이 정제되거나 정결하게 되지 않았다면 그들은 무절제한 쾌락의 쉼 없고 끝없는 만족에 빠져버린다"

그런 사람들은 완전히 제어 불가능한 방종으로 양심과 죄책감을 질식시키고 있는 것과 같다. 그들이 변하지 않는 순결한 애정으로 하나님을 사랑했다면 어떤 고난과 고통이 오더라도 분명 타락하지 않았을 것이다.

실제로, 큰 고통이 시작되는 초기가 개인의 전체 영적 생활에서 가장 위험한 시기다. 주님께서 격려하시는 내적인 평안을 거두어 가실 때, 그리스도인들의 영혼은 반드시 즐거움과 위로를 얻을 수 있는 외적인 원천에 의지하며 다시 한번 더 큰 기쁨을 갖기를 소망한다. 시간이 흐를수록 그는 이 불편하고 괴로운 상태에서 최대한 빨리 빠져나갈 수 있는 길을 찾아내려고 노력할 것이 분명하다. 많은 영적 순례자들도 바로 이 지점에서 파멸을 경험했다.

나는 저술을 통해 일관되게 이 문제를 지적했었다.

분명히 처음에는 주님께서 큰 기쁨과 하늘의 위로로 우리를 이끌어 주신다. 그 이후로도 가끔씩은 그렇게 해주신다. 그분은 강하고 능력 있는 것, 심지어 불가항력적인 것들까지 이용해 우리를 이끌어 가신다. 하지만 인생의 억울한 일들과 고난과 고통이 그리스도인들의 관심을 분산시킬 때가 너무나 자주 있다. 바로 그런 순간들 때문에 우리는 매우 중요한 사실을 깨닫는다. 즉 하나님의 축복이 실제로는 견고한 믿음의 근거가 되지 않는다는 사실이다. 불의와 박해, 고난과 고통에 직면하면 지금까지 알았던 경이로운 천상의 기쁨은 허무할 정도로 신속히 기억 저편으로 사라져 버릴 수 있다. 때문에 그리스도인이 고난을 만날 때, 그 고난에서 도망가지 않고 받아들일 줄 아는 것이 매우 중요하다. 나아가 고난의 무게를 조금이라도 덜어보려고 애쓰거나 위안과 즐거움을 발견해 벗어나고자 발버둥이치지 말아야 한다.

그리스도인은 온갖 바람에도 더 이상 흔들리지 않는 견고한 상태까지 나아가야 하며, 시간이 흘러 고통이 지속되더라도 연약함에 굴복하면 안 된다.

비록 천상의 기쁨을 경험할 수 없는 상황에 처한다 해도 넘어지지 않는 경지에

이르러야 한다. 물론, 단순히 인간의 강한 의지로 이런 견고함을 이루어내려 해서도 절대 안 된다.

참된 그리스도인이라면 하늘의 기쁨이 허락되지 않는 상황에서도 여전히 삶을 살아내야 한다는 것을 예상해야 한다. 그리스도인들에게 이러한 일들은 실제로 일어난다! 특히, 십자가의 요한이 '감각의 밤'(night of the senses)이라고 말한 "모든 지각 능력이 캄캄한 암흑 속으로 파묻히는 때", 천상의 기쁨을 상실하는 일이 자주 일어난다. 영적인 감각이 사라지는 것이다. 물론 당하는 그리스도인들은 매우 두렵고 충격적이다. 하지만 그가 이 시기를 끝까지 견뎌내고, 스스로 그 길에서 빠져나갈 방법을 모색하지 않는다면 영적 무감각을 그렇게 두려워할 필요는 없다.

오직 하나님 때문에 하나님만을 구하는 그리스도인들은 종종 자신의 만족을 충족하는 사람과 비교해 보면 마치 버림받은 자처럼 보일 수도 있다. 그러나 확언하건대 그는 하나님께 버림받은 것이 아니다. 이런 그리스도인들은 축복을 받기보다 오히려 축복을 두려워하는 것이 하나님 앞에 머무는 데 더 낫다는 사실을 깨달은 것이다. 십자가를 아무런 두려움 없이 사랑하게 된 것이다.

결국 총체적인 죽음을 경험한 그리스도인의 영혼만이 도달할 수 있는 성장의 단계가 있다. 그 영혼은 하나님 안에 굳건히 서서 이젠 어떤 피조물에서도 만족을 얻을 수 없다. 그런데 이 상태에 이른 그리스도인이 만약 하나님을 떠난다면 그 영혼은 우주에서 가장 비참한 존재로 전락하고 만다. 왜 그런가? 그는 이미 외적인 자원에서는 결코 어떤 기쁨도 얻을 수 없다는 사실을 알기 때문이다. 천상의 기쁨과 비교할 때, 그 밖의 모든 것들은 무미건조하고 무의미하게 보일 뿐이며, 외적인 즐거움은 단지 그러한 사실을 인식함으로써 오는 고통만 배가시켜 줄 것이다.

부유한 천국에서 내던져진 후 지상에 거할 수밖에 없었고 천국의 기쁨으로 돌아갈 수 없었던 루시퍼가 겪었던 고통이 그토록 극심했을 것이다. 성숙한 그리스도인은 자신이 주님과 함께 계속 나아가지 않는다면, 그 자신의 상태도 루시퍼와 비슷해질 수 있음을 점점 더 깊이 깨닫게 된다. 그래서 성숙한 그리스도인들은 실족하지 않으려고 애쓴다. 이러한 그리스도인이야말로 진정 하나님 안에서 안식하는 성도들이다. 주님을 따르기 위해서 즐거움을 필요로 하지 않으며 외적인 위안이 주는 구원도 원하지 않는 그리스도인들인 것이다.

성숙한 그리스도인은 타락하기가 더 어렵다고 말하는 진정한 이유가 바로 여기에 있다. 그는 자신의 삶에서 하나님께서 최종적으로 이루실 일들을 미리 바라보면서 점점 흔들리지 않는 견고한 믿음의 토대 위에 서게 된다. 그가 주님과의 관계를 포기하도록 하려면 의도적으로 적대감과 교만을 갖게 해야 한다. 하지만 그것은 결과적으로 거의 불가능하다. 물론, 천사들이 하나님께 반역하여 타락했듯 그들도 타락할 수 있는 여지가 전혀 없는 것은 아니다. 그렇지만 타락해버린 사탄들이 다시 하나님께 돌아가 회개할 수 있다고 생각하는가? 진정 하나님과 최상의 기쁨을 맛본 성도가 타락하는 것도 사탄이 다시 회개하는 것만큼이나 어렵다. 물론 하나님께서는 우리가 당하는 모든 어려움 속에서 가능한 모든 구원의 수단을 제공해주신다. 하지만 하나님을 떠날 정도로 사악하다면 자신의 죄를 뉘우치는 회개는 진정 어렵다. 혹, 인간적인 생각일 수 있지만, 그렇게 성숙한 그리스도인을 한 명 잃어버리신다면 하나님은 수백 명의 다른 그리스도인들을 잃어버리는 것보다 더 고통스러우실 것이다.

다시 내면으로 향하는 길로 막 들어서 하나님을 아는 기쁨의 맛만 보고 "감각의 밤"을 경험하는 사람들에게 관심을 집중해 보자. 그 영혼들은 하나님 안에 굳건하게 뿌리를 내리지 못했고, 자아에 대한 죽음을 경험한 적도 전혀 없다(비록 그리스도의 십자가에서 그 일이 성취되었지만 말이다). 그들이 하나님을 처음 알았을 때 얻었던 기쁨을 더 이상 누리고 있지 않다는 걸 알게 되면, 다른 즐거움을 찾게 된다. 그러나 세속적인 즐거움들은 더 이상 그들을 자극하지 못한다. 그들은 자신들을 만족시킬 감동을 얻기 위해 계속 더 많은 자극을 추구한다. 그들이 다시 하나님께로 돌아오는 것은 기적이다. 그들이 좋은 것들, 즉 하나님과 천상의 것들을 한번 맛본 후 버렸을 때 돌아가는 것은 정말 어렵다.

FINAL STEPS
IN CHRISTIAN MATURITY

 연합의 지속적인 목적은,

은혜가 너무나 미약해서 쇠락과 넘어짐을 자주 경험하는 초심자들이 의기소침함에서 더

이상 고통당하지 않도록 그들의 영혼을 강하고 담대하게 해주는 것이다.

제  장

밖으로 나가
하나님을 만날 순 없다

우리가 그분을 만나는 곳은 바로 여기, 우리 존재의 중심이다.
그 지점을 훨씬 더 지나 자아가 더 이상 존재하지 않는 곳에서
우리는 진정으로 그분을 만난다.

나는 "영혼의 순례를 시작한 초심자, 혹은 입문자가 먼저 외적인 데서 하나님을 추구한 다음 내면의 삶에서 하나님을 추구하면 안 됩니까?"라는 질문을 자주 듣는다.

그러나 간접적인 방식으로 하나님을 추구하는 영적인 출발은 진정한 의미에서 출발이라고 할 수 없다. 오히려 그러한 명제를 떠올린다는 것 자체가 엄청난 실수라고 생각한다. 영적으로 어린 그리스도인이 외적인 데서 하나님을 추구한다면, 그는 개별적이고 분리된 하나님을 찾고 있는 것에 지나지 않다. 이것은 비극이다. 그가 이 하늘 끝에서 저 하늘 끝까지 자신의 방식대로 자신이 원하는 주님을 찾아다니게 될 것이 뻔하기 때문이다.

그러면 어떤 결과가 생길 것인가? 이 어린 성도는 그리스도인으로서의 삶에서 내면의 길을 추구하고 하나님의 임재 안에서 자신의 모든 존재를 집중시키며 주님을 부르기보다는 주님이 계시지 않는 곳에서 그분을 찾아 헤매느라 모든 힘을 소모하고 낭비해버

제7장 • 밖으로 나가 하나님을 만날 순 없다   59

릴 것이다.

혹시 화가가 그림을 그리기 전에 제대로 윤곽을 잡기 위해 애쓰는 모습을 본 적이 있는가? 그 화가는 캔버스 위에 흩어져 있는 많은 점에서 그림의 중심점으로 시야를 이동하며 선 몇 개를 긋는다. 중심으로 모여 들며 여러 개의 다른 선과 만나는 선은 더 강해진다. 그러나 선이 중심에서 멀어질수록 희미해진다. 그리스도인들의 삶도 마찬가지다.

그리스도인은 내부의 자신의 영으로 향하게 되고 주님은 그곳, 즉 영적인 영역으로 오셔서 그 사람과 만나신다. 이 일이 진행될수록 그는 하나님께 더욱 가까이 다가가게 된다. 그리고 하나님의 사역을 이행하는 능력을 받아 더욱 많이 이용할 수 있게 된다.

또다시 그림을 예로 들면, 화폭의 선들이 넓게 흩어져 있다가 점차 내부로 향하면서 중심점에서 하나로 합쳐지는 것처럼, 영혼도 여러 곳에 흩어져 있는 각 지점에서 출발하여 어떤 것도 분리되지 않고 분리될 수 없는 한 특정한 지점으로 모여들게 된다. 영혼이 하나님을 발견하는 능력, 다시 말해 힘을 지니는 지점이 바로 그 중심 부분이다.

영적인 그리스도인이 되기 위해서는 하나님을 내적으로 추구하고 자신의 모든 생각을 온전히 집중하여 하나님께 나아가는 것이 필요하다. 이렇게 하지 않으면, 그는 하나님이 거주하시는 그 중심 자리에 결코 도달하지 못할 것이다. 그러나 일단 그 자리에 도달하면 다시 그 자리를 떠나 하나님의 중심을 향해 훨씬 더 내적이면서도 영적인 자리로 나아가야 한다. 이것은 수많은 외적인 것들로 돌아가는 것이 아니라 자아를 통과해서 자신을 초월해 나갈 때 이루어지는 것이다. 때문에 이것은 진정한 자신으로부터의 벗어남을 의미한다. 그리스도인은 외부로 향해 나아감으로써가 아니라 자신에서 벗어나 내면으로 향함으로써 자신에게서 떠날 수 있다. 그것은 단순히 생각과 전 존재를 하나로 집중시키는 것에 머무르는 것이 아니라 그렇게 한 후 자신의 자아(피조물의 중심)를 초월해 창조주의 중심 안으로 들어가는 것을 말한다.

영혼의 중심을 일종의 여관이나 여행지 중간에 있는 휴식 장소로 생각하라. 여행자는 그 여행의 어느 시점에서 반드시 그 여관을 지나가야 한다. 그가 잠시 휴식을 취하기 위해 그곳에 머문 뒤 다시 떠날 준비가 되면 왔던 길로 다시 되돌아가는 것이 아니라 그동안 진행해 왔던 방향을 향해 대로로 나가게 될 것이다. 그가 그 여관을 떠나 앞으로 갈수록 그는 자신의 시야에서나 육신적이고 외적인 감각에 있어서도 자아를 뒤로 한 채 더 멀리 갈 수 있게 된다. 이처럼 인간이 자신의 존재 중심으로 나아갈 때, 그는 그곳에서 하나님을 만나게 될 것이다. 그 순간 그는 자기 자아에서 벗어나 내면 더 깊은 곳으로 들어가도록 초대받는다.

　우리 역시 이 지점에 도달할 때 비로소 주님 안으로 들어가게 되는 것이다. 우리가 그분을 만나는 곳은 바로 여기, 우리 존재의 중심이다. 그 지점을 훨씬 더 지나 자아가 더 이상 존재하지 않는 곳에서 우리는 진정으로 그분을 만난다. 우리가 더 깊어질수록 그분을 향해 더 가까이 가게 되고 자아에서 더 벗어나게 된다.

FINAL STEPS
IN CHRISTIAN MATURITY

 하나님께서 예수 그리스도 안에서 통치하시는 것처럼

예수님도 순결한 우리들의 마음속에서 통치하신다. 그곳에서 그분은 자신을 거부하거나 거스르는 어떤 것도 차마 보지 못하신다. 이 내적 장소인 우리의 마음은 하나의 왕국이며 우리가 그분의 재산(royal estate)을 분담할 유일한 곳이다. 하나님 아버지께서 예수님께 왕국을 지정해 주시고 그곳에서 영광을 공유하시듯, 그분의 아들인 예수님도 우리와 함께 그 마음의 왕국을 공유하신다.

제8장

자아의 집중을 지나
하나님께 몰입하다

중간의 쉼터로 가는 법을 배운 그리스도인이라면
이제 그 너머에 있는 영역을 탐험해야 한다. 끊임없이 계속, 그 일을 시도해야만 한다.
왜냐하면 우리는 점차적으로 단계를 거쳐야만 변화할 수 있는 존재이기 때문이다.

그리스도인이 하나님 안으로 얼마나 깊이 들어갔는지는 그가 자신에게서 얼마나 벗어났는지를 보면 알 수 있다.

그렇다면 자아란 무엇인가? 개인의 관점, 느낌, 그가 기억하고 생각하는 것들, 자기 자신의 이기심, 자신에 대한 사유(self-reflection)가 이에 해당한다. 그리스도인이 처음으로 주님의 임재 안으로 나아가서 그의 존재의 중심을 향해 다가가기 시작할 때, 그는 자기반성에 크게 몰두할 것이며 자기 자신에 대한 큰 자각을 갖게 될 것이다. 주님을 인격적으로 만난 뒤 자기 존재의 중심으로 더 가까이 다가갈수록 그는 훨씬 더 깊이 자신에게 집중하게 된다.

그러나 실제로 자기 존재의 중심에 도달하면 자신을 성찰하고 들여다보는 일을 그치게 될 것이다. 이것은 자신의 감정, 자신의 생각, 자신에 대한 관심, 그리고 자신에 대한 사유가 점점 줄어드는 것을 말한다. 즉, 자신을 초월함에 따라 자신을 바라보는 시간이나 양이 줄어들게 된다. 그의 관심이 더 이상 자신에게 있지 않고 다른 방향으로 향하기 때문이다.

물론 처음에는 자기 성찰이 굉장히 유익하고 중요하다. 하지만 이 시점이 되면 자기 성찰은 더 이상 유익한 것이 아니라 오히려 해를 끼치게 된다.

우리의 관심이 내면의 길로 들어서기 시작할 때, 반드시 자신을 돌아보고 성찰하는 시간이 필요하다. 그러한 성찰을 통해 생각이 몹시 복잡해지겠지만 그래도 반드시 거쳐야만 하는 과정이다. 그러다 결국 생각은 단순해질 것이며 더욱더 영적인 것에 집중하게 될 것이다(하지만 자신을 향한 방향성은 그대로 유지한 채). 이 과정을 걸친 후에도 영혼은 여전히 자아를 인식하며 살겠지만 지나치게 자아에 집중한 나머지 자아 중심적인 삶으로 빠져들지는 않는다. 이 시점에서 영혼은 일종의 단일한 관점을 선물로 받기 때문이다.

다시 한번 여관에 빗대어 말하겠다. 여행자가 중간 지점의 여관을 찾아가다가 그 여관이 시야에 들어오면, 더 이상 두리번거리거나 자신이 현재 있는 곳이 어디인지 궁금해할 필요가 없다. 대신 그는 여정의 첫 목적지인 눈앞의 여관에 시선을 고정시킬 것이다. 여관 입구에 들어섰는데도 여관으로 가는 길을 궁금해하거나 자신이 들어갈 여관에 대해 상상한다면 참으로 어리석은 일이 아닐 수 없다. 이제 그는 쉼터에 다다랐다. 중심에 도달한 것이다. 여행의 어려움과 여관까지 가야 한다는 목표는 벌써 과거의 것이 되어 버렸다.

그런데 성숙한 그리스도인은 이 여관에 눌러앉지 않고 여관을 나와 자신에 대한 의식이 거의 사라지는 지점을 향해 가는 법을 다시 배우게 된다. 그곳에서는 오직 하나님만 인식하고 하나님과 함께하며 심지어 하나님 안에 몰입되는 경험까지 일어난다. 자아에 대한 집중은 점점 사라지고 하나님에 대한 몰입이 더 강렬해진다. 이 순간 성숙한 그리스도인은 "하나님의 거대한 심연에 빠졌다"라는 고백을 한다. 그는 주님 외에는 어떤 것도 더 이상 알기를 원하지 않고 생각하지도 않는 지점에 도달할 수도 있다. 이 시점에 이른 사람에게는 어떤 개인적인 생각도 하나님과 교제를 나누는 데 해가 될 뿐이라는 점을 굳이 말할 필요가 있으랴.

이제 우리는 "그렇다면 우리가 어떻게 자아를 초월할 수 있는가?"라는 질문을 해볼 수 있다. 그 대답은 바로 '의지의 포기'라는 방법을 통해서만 가능하다. 여기서 의지의 포기란 무엇인지 좀 더 구체적으로 살펴보자.

의지는 우리의 이해(understanding)와 기억(memory)을 통제한다. 이해와 기억은 분명하게 구분되지만 동일한 것으로 간주될 수도 있다. 인간이 자신의 존재의 중심으로 다가서는 것은(순례의 중간지점인 여관으로 다가갈 때) 그의 모든 이해와 기억을 하나님께 내어드리는 작업이다.

이 두 요소를 하나님께만 넘겨드려야 한다. 즉 자아도 아니고 타인도 아닌 오직 그분에게만 내어드려야 한다는 것이다.

자아에서 벗어나 자신의 의지를 온전히 하나님께 내어드리게 된 사람은 이제 막 자신의 존재 중심으로 다가가기 위해 노력하는 사람과는 완전히 다른 존재이다.

나는 하나님을 앙망하는 성숙한 모든 그리스도인들에게 이 단계까지 반드시 나아가라고 권면하고 싶다.

인간이 하나님 안 깊숙한 곳에 자리를 잡으려면 이 지점을 통과한 후에도 기꺼이 먼 길을 가야 한다. 인간의 내면은 결코 쉽게 바뀌지 않는다. 때문에 이 중간 지점의 쉼터에 도달해 하나님을 아는 심오한 곳으로 한 걸음 내딛으면서도 우리는 전혀 변한 것이 없는 자신을 보게 될 것이다. 우리가 진정으로 변화되길 원한다면 계속해서 중심으로 더더욱 집중하려는 노력을 끊임없이 해야 한다.

지금까지 이 책에서 이야기했던 중간지대에 안주하거나 주저앉는 일은 절대 하지 말아야 한다! 지금까지 말한 것을 반복해서 가르침을 받거나 가르쳐서도 안 된다. 이것은 뱃속에 있는 음식을 다시 입으로 뱉어내라고 요구하는 것과 마찬가지다. 아니면, 죽음이 가까워 더 이상 영혼의 순례를 할 시간이 없을 때던가. 우리에게 중간 쉼터는 출발에 불과하다. 그러므로 이곳에 계속 머물러서는 안 된다. 당신이 영혼의 내적인 성장에 대해 가르치고 있고 다른 사람들을 이 지점까지만 인도할 수 있을 뿐이라면, 완전히는 아니겠지만 거의 아무것도 성취하지 못한 것이나 마찬가지다!

중간의 쉼터로 가는 법을 배운 그리스도인이라면 이제 그 너머에 있는 영역을 탐험해야 한다. 끊임없이 계속, 그 일을 시도해야만 한다.

왜냐하면 우리는 점차적으로 단계를 거쳐야만 변화할 수 있는 존재이기 때문이다!

제 9 장
진정한
기독교적 삶이 시작된다

우리가 모든 것을 잃어버리는 곳에서,
심지어 그리스도와의 깊은 관계마저 잃어버린 곳에서
우리는 다시 가장 깊은 존재 안에서
그분을 바라보며 인정하는 일을 시작할 수 있다.

그리스도인이 내면 세계의 여행을 처음 시작하면, 앞 장에서 말한 중간 쉼터인 여관을 삶에 적용하고 이해하기가 매우 어려울 것이다. 하지만 그가 자기 자아의 극단과 마주하는 모험을 계속하고 복잡하게 얽힌 많은 생각들과 방황하고 헤매는 마음을 넘어서서 드디어 하나님과 하나되는 첫 경험을 하게 된다면 말할 수 없는 기쁨과 즐거움을 얻게 될 것이다. 어쩌면 그는 "드디어 그리스도인의 삶의 영적 성장을 완성했어."라고 말하는 큰 실수를 저지를지도 모른다. 그렇다면 그보다 어리석은 생각은 없다. 그 순간은 시작일 뿐이다. 그리스도인으로 살아가는 첫 출발지인 이 시기에는 주님께서 그에게 기쁨과 영적인 감각과 많은 은총을 허락하심으로 그를 주님께로 이끄신다. 그리스도인들의 삶에서 경이롭고 잊을 수 없는 시간들이다. 하지만 이제 그의 앞에는 진정한 모험이 놓여 있고 본격적인 시험도 기다리고 있다.

주님과의 더 깊은 교제를 추구하는 그리스도인은 그리 많지 않다. 더욱이 중간 지점의 쉼터인 여관을 찾으려는 시도조차 하지 않는 사람들도 많고, 설혹 그러한 시도를 한 사람들도 중도에 낙심하거나 단념하는 경우가 허다하다. 그럼에도 불구하고 그러한 시도를 포기하지 않고 여행을 계속하는 극소수의 사람들, 그래서 그리스도와의 하나됨에 도달하기 시작하고 수많은 영적인 은혜와 경이로운 발견들로 영적 회복을 경험하는 사람들도 시간이 더 많이 흘러 열정이 사그라들고 영적인 만남에 익숙해지면 낙오하는 경우가 부지기수다. 세월이 흐름에 따라 '새로움'이 낡아 없어지는 것이다.

  그리스도인의 영적 성숙이 어느 시점에 이르면 주님께서 그의 삶에서 기쁨을 거두어 가시는 때가 온다. 겉으로 볼 때 주님께서 그 성도에게 모든 은혜들을 거두어 가시는 듯한 때가 올 것이다. 동시에 그 성도도 자신이 박해를 받는 시기에 직면했음을 알게 될 것이다. 게다가 종교적 권위를 행사하는 그리스도인들에게 받는 박해도 있을 것이다. 더 나아가, 자신의 가정이나 개인 생활에서도 큰 어려움을 겪을 수 있다. 건강상의 심한 어려움을 경험할 수도 있다. 그 외에도 열거하기 어려울 정도로 엄청난 고통이나 손실들이 그를 괴롭힐 수도 있다. 그 사람은 완전히 자신에게만 이런 일들이 몰려들고 있다고 느낄 수도 있고 그가 신뢰하던 다른 그리스도인들이 그를 버리고 학대한다고 느낄 수도 있다. 그는 자신이 매우 부당한 대우를 받는다고 느끼며 다른 사람들에게 원망이나 억울한 감정을 느낄 수 있다. 심지어 하나님께도 억울하다고 항변할 것이다. 이 모든 고통과 혼란 속에서 하나님도 자신을 버리셨다고 생각할 것이다.

세상과 모든 것이 그를 압박해 오고 친구들이 자신을 배반하며 삶의 온갖 영역에서 엄청난 고난과 고통이 자신을 짓누르는데 주님마저 자신의 영혼을 버리시고 죽은 상태로 내버려 두셨다고 생각하기 시작하면 이 여정을 포기하는 그리스도인들은 훨씬 더 많아진다.

그러나 이때가 바로 제자도가 진정으로 시험받는 때임을 기억해야 한다. 그리스도에 대한 우리의 헌신이 시험을 받을 수 있는 유일한 지점이기 때문이다. 그동안 하나님과 깊은 교제를 누리는 기쁨뿐 아니라 알 수 없는 영적 은혜의 세계를 모험하는 열정과 흥분을 계속 경험했을 것이다. 하지만 성경을 통해 이미 보여 주셨듯이 실제 약속의 땅은 언제나 광활한 광야 너머에 존재한다. 약속은 광야의 먼 끄트머리에서만 발견할 수 있기 때문이다.

그리스도인이 이 광야, 이 황무한 곳, 영혼의 이 캄캄한 밤에 도달하면, 이번에는 "어찌하여 나를 버리셨나이까?"라고 절규하셨

던 예수 그리스도의 경험에 동참하기 시작한다. 그리스도인이 주님 안에 진정으로 뿌리 내리기 시작하는 때는 그가 벌거벗은 믿음으로 다니는 바로 그 때이다.

이 광야에 밀려 들어왔음에도 불구하고 여전히 고요하고 평온한 마음으로 계속 그분을 추구하는 자들은 극소수에 불과하다. 이들은 사람들의 시선에서 완전히 벗어나 관심을 받지 못하며 보상을 받거나 칭찬을 듣지도 못한다. 다만 하나님께서 영광받으실 것이라는 점 외에는 어떤 기대도 없다. 하지만 이때가 비로소 피조물이 아니라 하나님이 그 사람의 모든 것이 되는 때이다.

우리가 모든 것을 잃어버리는 곳에서, 심지어 그리스도와의 깊은 관계마저 잃어버린 곳에서 우리는 다시 가장 깊은 존재 안에서 그분을 바라보며 인정하는 일을 시작할 수 있다.

어떤 느낌도 없고, 일체의 지각도 차단된 상태에서 중간 지점의 쉼터인 여관으로 걸어갈 수 있을 때, 그리고 그 중간 지점을 넘어서서 계속 갈 수 있을 때, 그리고 주님을 보지 않고도 오직 믿음의 눈으로 그분이 그곳에 계심을 믿을 때, 당신이 앞으로, 더욱더 앞으로 가서 하나님의 임재에 대한 어떤 느낌도, 감각도, 심지어 사소한 기록조차 없어도 그리스도 안으로 걸어들어갈 수 있을 때,

당신 주위와 내면의 모든 것이 무너지거나 죽은 것처럼 보일 때도 그분 면전 앞에 잠잠히 앉아있을 수 있을 때, 오직 고요한 믿음 속에서 아무런 질문도 없이, 아무런 요구도 없이 주님 앞으로 나아올 수 있을 때, 그리고 그곳에서, 그분 앞에서 한 치의 흐트러짐도 없이, 자아에 대한 거대한 의식이 사라진 상태에서 그분에 대한 영적인 감각도 전혀 없지만 당신의 전 존재가 그분께 집중되고 그분께로 향할 때, 그때, 헌신에 대한 시험을 시작할 것이며, 비로소 진정한 그리스도인의 삶의 여정이 시작될 것이다.

제 10 장
영적 중독과
교만을 구별하라

우리가 십자가를 지기 위해
내적인 고독을 뒤로 하는 것이 꼭 필요하다면
주님께서 또 그 일을 해주신다.
실제로 영적인 것에서 떠나
외적인 것들에 집중하게 하신다.

그리스도인의 영혼은 주님이 하셨던 경험들을 함께하고 만지며 온전히 받아들여야 한다. 그것이 어떤 상태인지는 수수께끼지만, 그럼에도 그리스도인이 가는 길은 영원한 십자가와 모욕과 혼란의 연속이다.

많은 사람들이 어떤 십자가는 매우 잘 받아들이지만 모든 십자가에 자신을 온전히 내어주는 일은 거부한다. 특히 결코 굴복할 수 없는 한 가지가 사람들이 보는 앞에서 자신의 명성이 무너지는 일이다. 그러나 하나님이 우리의 삶에 목표로 삼고 계시는 것은 바로 이 부분이며 또는 이와 유사한 부분들이다. 그는 그곳으로 당신을 데려가실 것이다. 그리고 당신이 어떤 쓴 뿌리도 갖지 않기를 기대하실 것이다!

주님은 당신의 영혼이 이기적 본성에 대해 진정으로 죽기를 원하신다! 그는 때로 명백한 (실제가 아닌) 실수를 저지르도록 허용하셔서 당신의 명성이 사람들 앞에서 철저히 짓밟히게 하실 때도 있다.

나는 한때 내면의 길을 걸어가면서 수많은 끔찍한 십자가들을 거의 빠짐없이 져야 했던 한 사람을 알고 있다. 그 십자가들 중에 그녀의 명성을 박탈하는 것도 있었다. 그녀에게 명성은 극히 애착을 갖던 것이었다. 그녀는 명성을 포기해야 한다는 것을 도저히 받아들일 수 없었다. 그래서 하나님께 그것 외에는 어떤 십자가도 다 질 수 있다고 간청했고 명성 박탈의 십자가를 공식적으로 거부하였다.

그때 이후로 그녀는 자신의 삶에 어떤 영적인 진보도 일어나지 않았다고 내게 말했다. 그녀의 영적 상태는 그때 그 상태에서 전혀 성장하지 않았던 것이다! 영적 성장이 제한된 상태는 이토록 총체적이고 치명적이었다. 그 이후로 주님께서는 사람들이 보는 앞에서 공개적으로 그녀에게 굴욕을 주신 일이 단 한 번도 없었다. 그러나 그 이후로 그녀에게 영적 진보라는 은혜 역시 단 한 번도 주신 적이 없었다.

때로 하나님은 그리스도인들에게 내면의 영적 성장의 여정에서 벗어나 외부의 것들에 관심을 쏟도록 요청하실 때도 있다. 왜 그럴까? 그것은 바로 그 사람이 내적 수련(inward retreat)에 중독되었기 때문이다. 많은 그리스도인들은 자신이 이런 십자가를 질 일은 결코 없을 것이라고 철석같이 믿는다. 하지만 우리가 십자가를 지기 위해 내적인 고독을 뒤로 하는 것이 꼭 필요하다면 주님께서 또 그 일을 해주신다. 실제로 영적인 것에서 떠나 외적인 것들에 집중하게 하신다. 아마 그 자신은 모르고 있겠지만 그 경우는 성도가 영적인 것에 중독되어 있거나 영적인 것들로 인해 교만해져 있을 때이다. 그리스도인이 자신의 내적인 영적 훈련에 대해 교만해지지만 그 사실을 전혀 깨닫지 못하는 경우가 매우 자주 있다.

제11장
내면의 결점을
모두 끄집어내신다

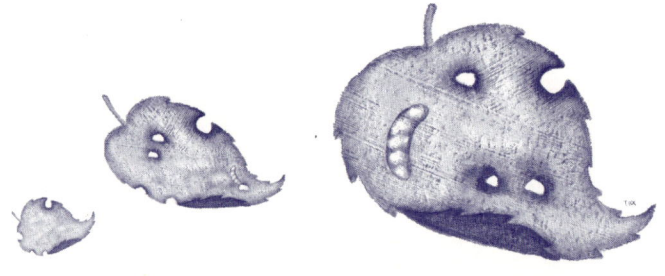

이 세상의 속박, 하루에도 셀 수 없이 그를 덮치는 비참함과 고통, 무거운 중압감, 그리고 하나님께서 다른 세계로 옮기신 듯한 그 끔찍한 느낌에도 불구하고, 사실 그는 여전히 진보하고 있다.

<big>영</big>혼의 밤, 어두컴컴한 영혼의 밤이 온다. 십자가의 요한이 말하는 이 '영혼의 어두운 밤' 이란 무엇인가? 그것은 우리를 정결케 하시는 주님의 방법이다.

영적인 순례를 하다 보면 내가 가진 많은 결점들이 한 순간 모두 사라져 버린 것 같은 때가 온다. 그러나 그 결점들은 다시 모습을 드러낸다. 이때는 내면을 통해서가 아니라 외면을 통해서 드러난다. 결함들이 다시 나타날 때는 예전보다 더 강한 특징을 보인다.

내가 말하는 결점들은 각자가 가지고 있는 좋지 못한 기질과 성급한 말, 행동, 그에 대한 반응, 불순한 생각, 변덕스러운 태도들이다. 이것을 자각하는 그리스도인들은 자신이 덕을 행하고 선행을 행하는 일이 쉽지 않다는 사실을 발견한다. 그의 모든 불완전함이 다 드러나는 것처럼 느껴지기 때문이다.

하나님의 손이 어깨를 무겁게 내리누르신다. 주변 사람들이 그를 비방한다. 그가 가장 원하지 않던 박해를 받게 된다. 그의 생각도 반항적이 된다. 사탄이 직접 나서서 그를 포위하고 공격하는 것 같다. 하지만 내면의 죄악된 본성이 죽음에 굴복하고 죽음을 수용하게 되는 것은 바로 십자가에 못박기 위해 사용되었던 도구처럼 이렇게 끔찍한 요소들이 나열될 때이다. 이 요소들 중 어느 하나라도 빠지면 그 사람 속에 깊이 자리했던 불완전함은 사라지지 않고 여전히 남아 있을 것이다.

여기서 결함들이란, 우리가 의식하며 행하는 자발적인 것이라기보다는 오히려 우리 안에 있지만 의식하지 못하는 것들을 가리킨다. 그럼에도 불구하고, 최근에 경험하는 하나님의 부재로 인해 그리스도인은 하나님의 임재를 상실한 것이 자기 잘못 때문이라고 믿게 된다.

이럴 때 그리스도인은 하나님과 멀리 떨어져 어떻게 해도 더 이상 다가갈 수 없는 것처럼 느끼게 되고, 이때의 비참함은 말로 형용할 수 없다. 주님은 마치 이 불쌍한 영혼을 문 밖으로 내팽개치신 것 같다.(하지만 하나님은 섭리 가운데 이 일을 하신다) 이 시기에 종종 그리스도인들은 세상과의 교류에 몰두하는 자신의 모습을 보게 된다. 이것은 그가 원하던 상태는 아니지만 현재 그가 내몰려 있는 현실이다.

과연 무슨 일이 일어나고 있는 것일까? 거의 쉬지 않고 자신의 결함들을 발견하는 이 가엾은 피조물은 하나님의 강한 손에 눌려 있다. 또한 그는 자신의 연약함과 사람들의 적의와 사탄의 대적을 경험하고 있다. 그러나 분명 이 시기는 하나님께서 자신의 목적을 이루어가시는 때이다. 십자가에 못박히는 이 과정에 동의하지 않는 사람들은 일평생 결함을 지닌 내면의 사람을 그대로 가진 채 살게 될 것이다.

때로 주님은 단 한 번의 손놀림으로도 이 사람을 모든 적의 손에서 구원하실 수 있으며 순결하게 만드셔서 다시 자신의 품으로 품으시기도 한다. 하지만 현실은 그 반대일 경우가 더 많다.

이때 그 영혼은 하나님의 면전에서 내쫓김을 당한 것 같고 진노하심 외에는 주님에 대해 아무것도 경험하지 못하게 된다. 그 때에 이 그리스도인은 어디서 도움을 구해야 하는가? 두 가지 선택이 있다. 하나는 주님을 바라보는 것이며 나머지 하나는 그에게 손짓하는 유혹과 비참함과 곤고함 그리고 자신의 불완전한 모습들을 바라보는 것이다.

영적 모험의 초기에 우리는 종종 고난 가운데 있는 영혼이 침착하고 단호하게 박해를 감당하는 모습을 볼 수 있다. 그는 어디서 이런 용기와 결단력을 얻을까? 그는 자신에게 일어나고 있는 일이 자기 잘못 때문이 아니라는 것을 명확하게 이해하고 예리하게 자각한다. 그러나 이 경우는 다르다. '영혼의 어두운 밤'이 되면 자신에게 현재 일어나고 있는 일이 시작에 불과하다는 것을 실제로 느낀다. 그리고 거기에 말로 다할 수 없는 혼란과 굴욕이 추가된다. 이 모든 일은 자신에게 그리스도가 너무나 필요하며 이 세상의 것들과 심지어 영적인 향유에도 연연해하지 않고 초연해야 할 필요성을 깨닫게 해준다. 또한 자신이 실제로 그리스도의 은혜가 없다면 어떤 모습일지 깨닫게 된다. 그가 의식하진 못하지만, 이 세상의 속박, 하루에도 셀 수 없이 그를 덮치는 비참함과 고통, 무거운 중압감, 그리고 하나님께서 다른 세계로 옮기신 듯한 그 끔찍한 느낌에도 불구하고, 사실 그는 여전히 진보하고 있다.

FINAL STEPS
IN CHRISTIAN MATURITY

 아무것도 제지하지 않는다는 말은

어느 때든지 하나님께서 원하시는 것은 아무것도 거부하지 않는다는 의미다. 때로 하나님은 우리가 다른 성도들의 영적 여정에 방해가 되는 것이라 하더라도 모두 다 지적하는 것을 허용하지 않으실 때가 있다. 그들이 이러한 지적을 감당할 수 없기 때문에, 다만 우리는 일반적인 조언만 해줄 수 있을 뿐이다. 그리스도께서 가버나움 사람들에게 하셨듯이 우리가 때로 곤란한 충고를 해야 한다 하더라도, 주님께서는 그것을 지고 가야 할 사람에게 감당할 힘을 주신다.

제12장
오직 소수만이
이 성장을 경험할 수 있다

그들은 주님을 향해 무의식적인 성실함과 깊은 겸손함을 가지고 있다.
그 사실만으로도 가치 있는 존재로 인정받지만,
정작 본인들은 내면에 이런 품성이 있다는 것을
전혀 의식하지 못한다.

성숙한 그리스도인은 주님을 진심으로 깊이 사랑한다. 하지만 이제 그의 내면 생활의 모든 것이 다 해체되어 버린 것처럼 느껴진다. 자신이 즐기던 소중한 고독을 포기할 수밖에 없으며 능력도 은혜도 모두 사라져 버렸다. 결국 그는 자신에 대해 절망하며 자신의 모습을 미워하며 자신의 본성을 더 이상 신뢰하지 않기로 결심한다. 자신에 대해 아무것도 기대하지 않으며 지금 그곳에 계시지 않는 하나님을 오히려 갈망하며 기다리기 시작한다. 주님만을 신뢰해야 한다는 것을 비로소 깨달은 것이다.

이러한 종류의 경험이 회심하지 않은 사람들이나 외적인 영적 생활을 추구하는 자들에게도 동일하게 주어질 것이라고 생각하지 말라! 그들은 이러한 깊은 고통을 전혀 느낄 수 없다. 그들은 그러한 문제들에 대한 성령의 계시를 무시하며 소멸하고 있기 때문이다. 그러므로 나는 지금 유혹을 받아 진정한 그리스도인으로 검증되었고 시험을 받은 후 주를 위해 시험당할 만한 가치가 있다고 판명된 이들에게 말하고 있는 것이다. 그들은 주님을 향해 무의식적인 성실함과 깊은 겸손함을 가지고 있다. 그 사실만으로도 가치 있는 존재로 인정받지만, 정작 본인들은 내면에 이런 품성이 있다는 것을 전혀 의식하지 못한다.

FINAL STEPS
IN CHRISTIAN MATURITY

 내적 성숙함과 주님의 의지와 인간 의지의 일치는

사람들이 원한다고 해서 무조건 들어갈 수 있는 영역이 아니다. 다시 말해서, 하나님께서 그분의 성령으로 준비시키셔서 부르시는 자들이 아니면 그 누구도 들어갈 수 없는 곳이다. 그러나 때로 이것이 문제를 일으킨다. 거룩한 연합의 첫 열매를 목마르게 추구하던 그리스도인들이 드디어 그러한 경험을 하게 되었을 때 이 은혜를 세상의 모든 사람들과 나누고 싶어한다. 특히 자신이 경험한 이 놀라운 진리를 어디서든지 알리고 싶은 강한 욕망을 느낀다. 하지만 이 사람이 깨닫지 못하고 있는 것은 그가 작은 은총을 가지고 있고, 자신에게만 은밀하고 개인적으로 주어진 것을 온 세상 사람들에게 함부로 나누어 주고 있다는 것이다. 그러한 성도는 그의 등잔에 부어주신 성령의 기름을 너무나 생각 없이 나누어 줘 버린다. 결국 그는 곧 자신의 등잔에 기름이 한 방울도 남아 있지 않다는 사실을 알게 될 것이다. 반면 지혜로운 자들은 신랑의 침실로 인도되어 들어갈 때까지 그들에게 주어진 기름을 조심스럽게 보관한다. 신랑의 방으로 들어가고 난 다음에야 그 기름을 나누어 줄 것이다. 어린양이 그들을 밝게 비추어 주는 빛이 되어 주셨기 때문이다.

Final Steps in Christian Maturity

13 생존 본능으로 저항하는 것도 반역인가? 14 내 영혼이 무엇을 포기하고 어떻게 희생하는가? 15 십자가의 요구를 어떻게 사랑으로 받아들이는가? 16 어떻게 믿고 모든 것을 내어주는가? 17 왜 그토록 철저히 무너뜨리시는가? 18 내적으로, 외적으로 상처를 받아야 하는가? 19 그리스도인이 그리스도인을 박해하다니? 20 하나님이 질투하시는 이유는 무엇인가? 21 인간의 자유의지를 어떻게 이끄시는가? 22 영적 성숙은 살아있는 동안 완성될까? 23 하나님의 심오함으로 들어가는 마지막 관문

2부

성장의 단계마다 주님께 물으며

: 욥의 시기에 질문하기

제13장
생존 본능으로
저항하는 것도 반역인가?

그리스도인이 생존 본능까지 포기하는
　　　의지의 복종은 그 영혼 깊숙한 곳 어딘가에 숨겨져 있어
　　종종 자신도 인식하지 못한 채
오직 하나님의 눈에만 보이는 경우가 있다.
　　　나는 그동안 이것을 '하나님의 손의 통로'라 불러왔다.

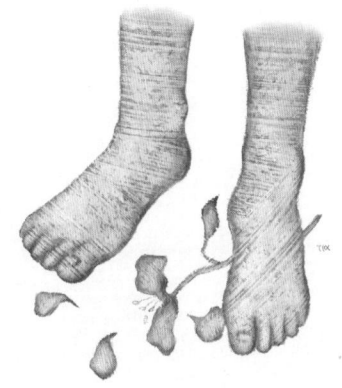

나는 이쯤에서 위로의 말을 전하고 싶다.

내 말을 이해하기 위해서 먼저 하나님께 저항하는 데는 두 가지 방법이 있다는 것을 염두에 둘 필요가 있다. 하나는 자발적이고 고의적인 것으로, 이런 종류의 저항은 하나님의 사역을 중단시킨다. 주님은 우리 인간의 자유 의지를 침범하시지 않기 때문에 이런 자발적인 저항도 가능하다. 반면 다른 하나는 '본성의 저항'이라 할 수 있는 저항으로 의지와 관련되어 있긴 하지만 자발성은 전혀 없다. 본성의 저항은 자신이 파멸되는 것에 대한 자연스러운 반감과 두려움으로 인간의 생존 본능을 가리킨다. 이 반감의 깊이를 측정하거나 우리 자신의 소멸에 대한 이 자연스러운 반발에 대한 평가는 일단 뒤로 미루자. 하나님께서는 고의적으로 반역하는 저항과는 완전히 다르게 이런 본능적인 형태의 저항도 다루시고 계신다.

우리가 아무리 저항한다 해도 주님은 자신이 계획했던 그 사역을 멈추시지 않는다. 오히려 주님은 이 성도가 한때 주님과 자신에게 했던 참된 헌신을 이용하여 선을 이루고자 하신다. 전적인 포기에 대한 자발성, 한번도 버린 적이 없고 현재도 그대로 지니고 있는 자발성을 주님의 뜻을 이루는 데 사용하시는 것이다. 감정적인 면에서는 반역을 꾀하는 마음이 든다 하더라도 의지 자체는 하나님께 순종으로 드리며 하나님께 항복할 수 있다.

그리스도인이 생존 본능까지 포기하는 의지의 복종은 그 영혼 깊숙한 곳 어딘가에 숨겨져 있어 종종 자신도 인식하지 못한 채 오직 하나님의 눈에만 보이는 경우가 있다. 나는 그동안 이것을 '하나님의 손의 통로'라 불러왔다.

우리 내면에는 오직 하나님만 보실 수 있는 것이 존재하며 그분은 그것을 살펴보신 후 우리의 자유를 침범하시지 않는 상태에서 우리 안에서 정결케 하는 작업을 계속해 나가신다.

FINAL STEPS
IN CHRISTIAN MATURITY

 육체의 십자가는

마음의 십자가가 동반되지 않는다면 훨씬 쉽고 가벼운 고통이다. 하지만 마음의 십자가가 동시에 존재하면 이 육체의 십자가는 훨씬 더 무겁고 고통스러워진다.

제 14 장

내 영혼이 무엇을 포기하고
어떻게 희생하는가?

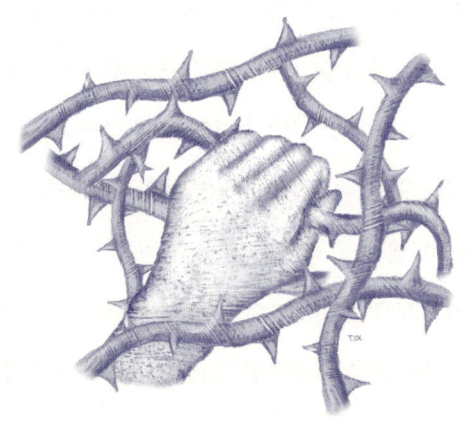

자신의 진정한 모습을 발견한다는 것은
끔찍하고 파괴적이다.
하지만 당신이 자신에 대해 절망하면 할수록
더 하나님을 의지하게 된다는 사실을 기억해야 한다.

하나님께서 그분의 계획을 구체적으로 전개하신다는 말을 "네가 무엇을 포기해야 하고 어떻게 희생해야 할 것인가를 정확히 알기 원한다면 너는 이러이러한 것들을 해야 한다"라고 직접적으로 말씀하신다는 의미로 오해해서는 안 된다.

이 말은 절대 그런 의미가 아니다. 대신 하나님께서 당신의 인생에 대한 구체적인 계획을 설명하시는 방법은 그리스도인들의 영혼을 가장 가혹한 시련들의 도가니 속에 집어넣으시는 것이다. 그분은 그 영혼이 소유한 모든 것을 희생하는 지점까지 몰아넣으신다. 소유뿐 아니라 전 존재의 희생도 포함한다. 게다가 단순히 일시적인 것이 아니라 영원히 이루어지는 희생으로 말이다.

그렇다면 이러한 희생이 어떻게 이루어지는가? 내면의 길에 대해 저술한 어떤 저자는 우리가 그런 희생에 도달할 수 있는 유일한 방법은 "자신에 대한 절대적 절망"이라고 말했다. 이 절대적 절망은 한 개인이 의지하던 모든 것이 박탈당하고 하나님의 손에 무조건적으로 자신을 내어드릴 수밖에 없을 정도로 강렬해야 한다.

대부분의 그리스도인들은 자신에 대해 절망한다는 것이 어떤 의미인지 잘 모른다. 그 절망의 완전한 극한, 그래서 자신의 진정한 모습을 정확히 있는 그대로 알게 되는 모든 절망 중의 절망을 경험한 그리스도인은 극히 드물다.

자신의 진정한 모습을 발견한다는 것은 끔찍하고 파괴적이다. 하지만 당신이 자신에 대해 절망하면 할수록 더 하나님을 의지하게 된다는 사실을 기억해야 한다. 물론 당신이 주님을 더 의지하게 되었다는 사실을 항상 인식하는 것은 아니다. 하지만 그런 자신의 모습을 발견하든 그렇지 않든, 당신이 자신에 대한 확실성에서 멀어질수록, 눈에 보이는 것을 의지하는 믿음에서 멀어질 것이고 하나님에 대한 온전한 믿음 속으로 더 깊이 들어갈 것이다.

이런 믿음은 당신이 의지하던 모든 것을 빼앗길 때 이루어진다. 하나님께서 그리스도인들에게서 무엇인가를 박탈하실 때마다 성도들은 자신을 희생한다. 그러나 모든 희생 중 최종적 희생은 자발적인 마음으로 하나님께 순종하는 '순결한 희생'이다.

이 궁극적 희생은 그리스도인이 자신의 영혼을 완전히 포기하고 하나님께 내어드리는 것이다. 그는 자신의 본성마저도 포기하고 피조물이 누릴 수 있는 모든 것을 포기한다. 하지만 그는 자신이 하나님께 버림 받아왔다는 사실을 발견한다. 그 순간, 그 그리스도인은 하나님께 "오, 하나님, 어찌하여 나를 버리셨나이까?" 하고 절규할 것이다. 마치 예수님께서 "나의 하나님, 어찌하여 나를 버리셨나이까?"라고 절규하셨듯이 말이  다. 그러나 곧이어 주님께서 "당신의 손에 내 영혼을 의탁하나이다"라는 온전하고 절대적인 희생의 말씀을 하셨듯이, 그 그리스도인도 자아에 대한 일체의 권리도 포기한 채 그분께 자신을 내어드릴 때 '순결한 희생'이 완성된다. 이것이 실제로 마지막 희생이다. "다 이루었다"는 예수님의 마지막 부르짖음은 바로 십자가의 완성을 선언하는 것이다.

모든 어려움은 우리가 반항하기 때문에 생겨난다. 그리고 우리의 반항은 자신을 사랑하는 애착에서 비롯된다. 현재 자신이 당하고 있는 고난에 대해 자신을 괴롭힐수록 그 고난은 더 예리하게 자신을 찌른다. 그러나 자신을 고난에 내어 맡기고 주님이 달리셨던 그 십자가에 당신도 저항하지 않고 매달린다면 고난은 당신을 위해 효과적으로 사용될 것이다.

다음과 같은 미성숙한 생각은 하지 말았으면 한다. "나는 그분의 뜻을 끊임없이 따를 것이며 항상 고난을 수용할 것이다. 그러면 그분께서 나를 그렇게 가혹하게 다룰 필요가 없다는 것을 아시게 될 것이다." 하지만 그런 사람은 절대 없다. 그럴 가능성도 결코 없을 것이며 앞으로도 마찬가지다. 자아는 우리 모든 인간 속에 거대하게 자리잡고 있다. 우리 눈앞에 드러나는 우리의 본성은 진정 충격적이다. 우리는 모두, 믿기 어려운, 거의 감당하기 어려운 고난을 알아야 한다. 당신은 그 고난 가운데 당신의 연약함을 신속하고 적절하게 다룰 수 없다. 수용할 줄 안다고 생각한다면 당신의 교만이 저절로 드러나고 당신의 오만함이 탄로날 뿐이다.

영혼은 장애물들을 제거해 본 후에야 비로소 그 장애물에 대해 제대로 알 수 있다.

FINAL STEPS
IN CHRISTIAN MATURITY

 당신의 내면에서 이루어지는 모든 하나님의 일은

항상 두 가지를 지향한다. 하나는 그 영혼을 악과 타락한 본성에서 구원하는 것이고 다른

하나는 그 영혼의 내면을 하나님께로 회복시키는 것이다. 이때의 회복은 타락한 세상을

벗어날 만큼 혹은 하늘나라가 임할 만큼 공정하고 순수하게 영혼을 회복시킨다.

제 15 장

십자가의 요구를
어떻게 사랑으로 받아들이는가?

십자가와 고난에 직면하면,
설령 주님에 대한 놀라운 영적 경험을 한 후라도
자신이 실제로 얼마나 연약한 자인지 깨닫는 과정이 매우 충격적이고 강렬하다.
그리고 그 자각 자체에 엄청난 고통과 고난이 숨겨져 있다.

아가서 5장에서 영혼이 감당할 두 종류의 저항을 엿볼 수 있다. 신랑의 목소리가 그의 배우자를 부른다. "문 열어다고 내 머리에는 이슬이, 내 머리털에는 밤이슬이 가득하였다 하는구나."

여기서 이 영혼은 자신을 찾아오신 주님이 슬픔에 무겁게 짓눌려 있다는 것을 잘 알고 있다. 슬픔에 짓눌려 있는 주님은 이 영혼을 찾아오셔서 자신의 고난에 동참해 줄 것을 요구하신다. 그분의 말씀 속에는 이런 고난의 흔적이 분명하게 드러나 있으며 이 영혼도 그분의 고난과 말씀의 의도를 명확하게 감지하고 있다. 그녀는 그것이 거의 표현할 수 없는 슬픔이라는 것을 이해한다. 만약 그녀가 자신의 고난 속에서도 강할 수 있다면 그 슬픔을 기쁘게 감당할 것이다.

그녀에게 말을 걸어오시는 주님은 그녀가 육체적인 고통뿐 아니라 명성의 박탈이라는 고통도 당할 것이며 비방에 의한 박해도 당할 것이라고 일러 주신다. 그리고 그 일이 일어난다.

주님이 그녀에게 이렇게 하시는 이유는 무엇인가? 그것은 헤아릴 수조차 없는 그녀의 나약함을 알게 하고 자신의 비참한 상태를 있는 그대로 이해하도록 돕기 위해서다. 이것을 가능하게 하는 유일한 방법은 그녀가 참으로 혐오하는 것들을 거부하는 힘과 자신을 꾸미고 있는 덕을 상실하도록 하는 것이다. 그렇다. 그녀가 선한 행위를 할 수 있었던 모든 능력을 없애버리는 것이다. 그럴 때 그녀는 상상할 수 없는 혼란에 휩싸여 엄청난 고통을 겪게 될 것이다.

그분은 그녀의 외적인 부분을 수많은 재앙과 사람들의 적의, 심지어 어둠의 권세들에게 내어 주며 외적인 본성을 지배할 수 있는 무제한적 권세를 허락하신 것처럼 보인다. 게다가 주님의 손은 그녀의 내적 본성에도 영향을 주어 그녀를 무겁게 짓누른다.

상상만으로도 공포감으로 전율하지 않는가! 그리스도인들은 이 시련을 통과하는 동안 아마 극도의 반발심을 느끼게 될 것이다. 한때 주님을 향해 가졌던 내어드림과 포기의 흔적을 찾아 주변을 두리번거릴 것이며 결국 아무것도 없다는 사실을 발견할 것이다. 그리스도인들은 존재의 가장 깊은 곳에서부터 힘을 달라고 혹은 구원을 베풀어 달라고 절규한다. 그러나 자신의 절규에도 주님은 어떤 것도 듣고 계시지 않는 것 같은 심한 상실을 경험한다.

흥미로운 것은 많은 그리스도인들에게 이러한 일들이 일어나기 바로 전에, 실제로 계시가 있다는 것이다. 나는 이것을 '신적 정의의 주입'(infusion of divine justice)이라고 부르는데, 이것은 주님께서 우리의 삶 속에서 어떤 일을 하시든 그것이 정의롭다는 인식이다. 이런 인식은 많은 그리스도인들에게 찾아온다. 그리스도인들은 그것이 어둠의 권세의 공격인지, 혹은 단순히 그 자신의 자연적 약점이 노출된 것인지 알 수 없지만 조만간 그에게 닥칠 모든 일이 정당하다는 것을 깨닫게 된다. 그는 정확히 분석해낼 수는 없지만 무엇인가에 대비해 준비되고 있다.

지금은 고난의 결과가 어떻게 될지 예상조차 할 수 없는 상태지만 주저하지 않고 자기 앞에 다가올 일을 맞을 준비를 하고 있는 것이다. 그는 조만간 주님께서 무슨 일을 하시든, 수용하고 받아들일 수 있는 능력을 받게 된다. 그렇다고 해서 이것이 그의 생존을 보장하는 것은 아니다. 그것은 하나님께서 모든 능력과 주권적 뜻을 가지고 그분이 하고자 하신 일은 무엇이든 하실 수 있도록 그가 무제한적으로 수용하겠다는 보장일 뿐이기 때문이다.

그런데 막상 고난이 실제로 시작되면, 정의로운 이전의 계시는 더 이상 존재하지 않을 때가 많다. 그러나 어떤 경우에는 이 모든 고난의 심연 속에서 신성한 정의에 대한 의식, 이해, 심지어 주님의 공의를 사랑하는 마음까지 회복하기도 한다. 그런 일이 일어날 때 그리스도인의 영혼은 도무지 자제할 수 없는 상태에 이르게 된다. 그럴 때 이 성도는 다시 한번 주의 제단에서 자신의 희생 제사를 드리기 시작할 것이다.

그러나 광풍이 분노의 정점에 도달할 때 헌신하려던 생각들이 다시 한번 사그라들 것이라는 사실을 명심하라. 주님께 헌신하려는 마음이 사라져 버린다는 것이다. 그리스도인은 희생과 정의에 대한 사랑을 망각하게 된다. 대신 현재 자신의 상황에 대한 거부감에 압도당하고 죽음과 같은 고통의 경험만 알 뿐이다.

그리스도인들이 시련에 내던져지기 전에 계시를 받는 것과 비슷하게 그들에게 일어날 수 있는 일이 또 하나 있다. 그것은 경우에 따라, 그 성도의 영혼 앞에 고난이 무엇인지 이해할 수 있는 대상을 주신다는 것이다. 그런 다음에야 앞으로 일어날 일을 수용하도록 요구하시기도 한다.

어떤 이들은 이런 요구에 승낙을 거부한다. 이들은 하나님께서 미리 알려 주신 희생에 자연스럽게 굴복할 능력이 없기 때문에 그분의 요구를 철저하게 거부한다. 또 어떤 이들은 그러한 희생을 포기하기까지 며칠이 걸릴 수도 있다. 어떤 경우든, 그들 앞에 놓인 시련을 받아들이는 것에 대한 반발이 격렬한 고통을 동반한 채 일어난다. 특히 이전에 수용적이고 순종적이었던 그리스도인들에게는 더욱 반발이 두드러진다. 어쩌면 그 성도는 과거에 자신이 하나님께 충성스러웠기 때문에 그의 내면에 은밀하게 형성되어 온 교만을 하나님께서 폭로하고 계신다는 사실을 직감적으로 느끼는지도 모른다. 그런 사람은 하나님의 요구가 아무리 엄격하다 해도 하나님께로부터 오는 것을 한번도 거부한 적이 없다고 강조한다. 하지만 십자가와 고난과 이기적 본성에 대해 깊이 이해하고 있다고 생각하는 성도의 반발은 앞으로 닥칠 '처절한 번제'(holocaust)를 실제로 받아들이지 못하는 상태에 이른다.

주님은 우리가 그 희생과 십자가에 반발하는 것까지도 허용하신다. 그분은 우리가 반발하는 이유까지도 모두 알고 계시기 때문이다. 아가서의 여인도 피로 범벅이 되고 엄청난 비탄에 잠겨 있던 신랑을 받아들이기까지 반발하는 마음이 있었던 것이 사실이다. 그러나 그리스도인은 장시간 동안 반발하지 않으며 또한 그렇게 해서도 안 된다. 물론 반발은 필요하다. 심지어 우리는 그것이 유익하다고 말할 수도 있다. 그러나 반발은 그리스도인들에게 자신의 연약함을 깨닫게 해주고 자신이 그토록 원했던 용기 있는 모습과 실제 자신의 모습이 얼마나 동떨어져 있는지 확인시켜 주는 역할을 할 뿐이다.

그녀가 경험한 이 사랑의 고난은 우리 모두에게도 해당된다. 단지 우리의 생활 속에서 그러한 일들이 일어나고 있지 않다고 해서, 우리가 큰 은혜를 받았다고 생각한다면 스스로를 우롱하는 것이다.

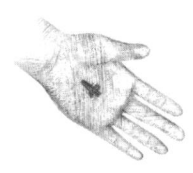

아가서의 젊은 처녀는 이제 막 주님과 주고받는 친밀한 사랑에 눈떴고 신비롭고 순수한 경험을 맛보게 되었다. 그런데 그 사랑이 십자가에서 못박히는 모습으로 사랑의 요구를 해 온다면 그녀는 심히 약한 자신의 모습을 보게 될 수밖에 없다.

왜 이러한 태도의 변화가 생길까? 이전에는 신실하고 충성스러웠던 사람도 십자가의 못박힘이라는 요구를 받으면 큰 고통을 경험하고 그 의도와 필요성에 놀라움과 두려움을 가질 것이다. 다시 강조하지만, 십자가와 고난에 직면하면, 설령 주님에 대한 놀라운 영적 경험을 한 후라도 자신이 실제로 얼마나 연약한 자인지 깨닫는 과정이 매우 충격적이고 강렬하다. 그리고 그 자각 자체에 엄청난 고통과 고난이 숨겨져 있다.

제  장

어떻게 믿고
모든 것을 내어주는가?

두 천사가 언약궤의 덮개 위에서 서로를 바라보고 있듯
믿음과 내어드림도 동일하게 서로를 의지한다.
전자가 후자 없이 존재할 수 없듯이
잘 정돈된 영혼도 믿음과 내어드림이라는 이 두 가지가 모두 필요하다.

"내가 나의 사랑하는 자 위하여 문을 열었으나 그가 벌써 물러갔네 그가 말할 때에 내 혼이 나갔구나 내가 그를 찾아도 못 만났고 불러도 응답이 없었구나"(아 5:6).

아가서 5장 6절을 보면 믿는 자는 사랑하는 이에게 자신의 마음을 열어 준다. 자신의 마음을 여는 행위를 통해 새로워진 그리스도인은 주님 앞에서 자연스럽게 내어드리고 포기하게 된다. 거부하고 저항하는 마음이 사라지고 오직 굴복과 내어드림이라는 명확하고 새로운 행위를 하게 된다.

아무것도 숨기지 않는 벌거벗은 믿음과 전적인 내어드림은 언약궤를 가리고 있는 두 세루빔에 비유할 수 있다. (하나님께서 자신의 말씀을 전달하시는 곳이 바로 속죄소이다.) 믿음은 영혼을 가려주고 영혼이 스스로를 판단하지 못하게 하며 그들을 대적하는 어떤 것도 보지 못하게 막아 준다. 또한 내어드림은 나머지 쪽에서 그 영혼을 숨겨주며 자신을 바라보거나 자신의 약점이나 장점을 보지 못하게 해서 무조건적으로 하나님께 자기 자신을 내어드리게 해준다.

두 천사가 언약궤의 덮개 위에서 서로를 바라보고 있듯 믿음과 내어드림도 동일하게 서로를 의지한다. 전자가 후자 없이 존재할 수 없듯이 잘 정돈된 영혼도 믿음과 내어드림이라는 이 두 가지가 모두 필요하다. 내어드림이 믿음에 굴복할 때 믿음이 내어드림에 완벽하게 반응하는 것이다.

한때 불충실하고 신실하지 않았으며 간혹 주님께 저항도 했지만 주님은 바로 그러한 요구를 이끌어내기 위해서 항상 우리에게 돌아오실 것이다. 그래서 그 그리스도인이 새로워지고 주님과 함께하는 여정으로 복귀할 수 있도록 인도해 주실 것이다.

FINAL STEPS
IN CHRISTIAN MATURITY

 겉으로 보기에는 죽은 것 같고

아무것도 느끼지 못하며 쓰러져 있는 것처럼 보일지라도 하나님을 갈망하며 그분을 찾는 그리스도인들에게는 하나님과 그 영혼이 하나 되도록 유지해 주는 숨겨진 비밀과 활력을 담은 심장이 여전히 존재한다.

제 17 장
왜 그토록
철저히 무너뜨리시는가?

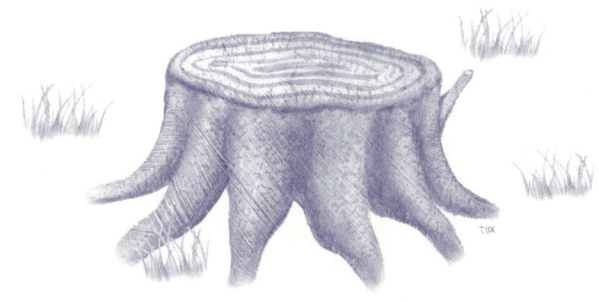

그리스도인들은 모든 의가 오직 하나님께만 속해 있으며
그분 이외에는 어떤 것도 의롭지 않다고 고백하는 순간이 반드시 찾아와야 한다.

그리스도인의 삶에는 언제나 시련이 있다. 하지만 시련과 함께 성도가 자기 자신의 비참한 실체를 인식하면서 얻게 될 귀한 경험과 하나님의 계시가 병행한다. 그는 의지하던 모든 것을 박탈당한 자신의 모습을 보며 더 이상 자신에게는 지탱해 줄 의가 전혀 없다는 사실을 인정한다. 여기서 나는 중요한 핵심인 '자신의 의'를 강조하고 있다. 그리스도인이 자신의 삶 속에서 실제적인 가치를 지닐 만한 의와 신실함이 전혀 없다는 것을 아는 것은 매우 중요하다.

그 이유는 무엇인가?

당신이 하나님의 형상을 닮아가기 위해 다시 말해, 하나님께 고유하게 속한 것들이 당신에게 그대로 나타나도록 하기 위해서는 자신의 것들이 사라져야만 한다. 그리스도인들은 모든 의가 오직 하나님께만 속해 있으며 그분 이외에는 어떤 것도 의롭지 않다고 고백하는 순간이 반드시 찾아와야 한다. 자신에 대한 인식이 불가능할 정도로 약해져서 의지할 것이 아무것도 남아 있지 않고 오직 하나님의 의만 바라볼 수밖에 없는 그 지점에 이르러야 한다. 그 때 성도는 하나님을 인정하고 자신의 절대적 무가치성을 인정하게 된다. 또한 하나님의 전능하심을 인정하고 자신의 연약함을 인정하게 되는 것이다. 이 확실한 인정이 있은 후에만 흔들리지 않고 자신을 내어드리는 온전한 성도가 될 수 있다.

FINAL STEPS
IN CHRISTIAN MATURITY

 외부에서 일어나는 사건들도

더 이상 중단시킬 수 없는 하나됨(oneness) 속에서 영혼이 완전해지며 성숙해질 때 그리스도인의 입술은 찬양으로 물든다. 영혼의 고요한 언어와 지각할 수 있는 몸의 언어의 아름다운 조화가 성숙한 찬양을 만들어내는 것이다.

제 18 장

내적으로, 외적으로
상처를 받아야 하는가?

우리는 주님의 임재를 전혀 느낄 수 없는 영혼의 어둔 밤을 알고 있다.
이 기간 동안 주님의 신부는 자아나 다른 피조물에 몰두하지 않게 된다.

주님의 뜻을 따르다 받는 상처가 있다. 이 상처들이 영혼의 끔찍한 고통이 되고 내면에 박힌다. 또 박해, 적대감, 인간과 어둠의 세계에서 가하는 외적인 상처들도 있다. 상처로 인한 쓰라림에도 불구하고 내면과 외면의 상처는 반드시 겪어야 한다.

우리는 주님의 임재를 전혀 느낄 수 없는 영혼의 어둔 밤을 알고 있다. 이 기간 동안 주님의 신부는 자아나 다른 피조물에 몰두하지 않게 된다. 사실상 그 어느 때보다 불성실함과는 거리가 먼 상태에 놓인다. 하지만 그녀가 이 사실을 인지하고 있는 것은 아니다. 단지 그녀가 참으로 깊이 사랑했던 이를 잃어버렸다는 상실감으로 영구히 지속될 듯한 주님의 부재를 끊임없이 애통할 뿐이다.

때문에 그녀는 (스스로 의식하지 못하지만) 내면 깊숙한 곳에 하나님을 좇는 눈이 있다는 것과 그것이 변함없이 보존되고 있다는 사실을 깨닫지 못한다. 신부가 단 한 순간도 신랑을 잊은 적이 없듯이 그녀도 주님이 계시지 않는다는 것이 너무나 감당하기 힘든 일이기 때문에 무의식적으로 자신에게 관심을 갖는 것조차 잊어버린다. 주님이 자신을 떠나가 버리셨다고 생각하지만 그녀의 마음은 늘 그분에게 향해 있다. 주님의 부재가 그녀에게 끊임없이 그분을 기억하게 하는 것이다.

마음에서 그분을 몰아내고 아무 주저함도 없이 죄악의 상태로 돌아갈 수 있는 사람들에게는 이런 모습을 절대 찾아볼 수 없다.

그녀는 눈을 뜨자마자 가장 소중한 교훈을 깨달을 것이다. 공허감, 텅 빈 것만 같은 상실감, 때문에 자신이 하나님께 버림받았다는 좌절감…. 하지만 내면의 길을 추구하는 그리스도인들에게 깨어 있을 때나 잠을 잘 때나 밤낮으로 떠나지 않는 그 강렬하고 그치지 않는 의식조차도 그리스도라는 것을 알 것이다.

FINAL STEPS
IN CHRISTIAN MATURITY

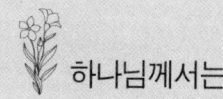 하나님께서는

하나님의 뜻을 무조건적으로 따르는 그리스도인들을 다른 이들이 내적인 길로 들어서도록 돕는 데 사용하신다. 자신에 대해 더 이상 아무 불안도 없고 잃어버릴 것도 전혀 없다면, 하나님은 사람들이 그분의 뜻이 인도하는 길로 들어서게 하기 위해 이 순종적인 그리스도인들을 사용하시는 것이다. 하지만 아직 자아를 완전히 포기하지 못한 그리스도인들은 당연히 이 목적을 위해 사용될 수 없다.

제 19 장

그리스도인이
그리스도인을 박해하다니?

내면적 삶을 추구하는 그리스도인들이 받는 가장 맹렬한 공격은 하나님에 대한 헌신을 가장한 거짓 헌신의 소유자들인 위선적 그리스도인들로부터 온다.

주님을 섬기고자 애쓰는 사람들이 초반에 경건하지 않은 사람들에게 박해를 당하는 일이 흔히 일어난다. 하지만 박해를 당하면 당할수록, 주변에서 그리스도를 섬기는 더 많은 사람들을 만나게 된다.

그런데 내면적 삶의 길에 헌신한 성숙한 그리스도인들에게는 이런 경우가 잘 나타나지 않는다. 그들도 경건하지 못한 세상 사람들에게 박해를 당할 때가 있다. 하지만 그들은 평범하게 살아가는 사람들에게도 박해를 받고 심지어는 경건하고 함께 종교 생활을 하고 있지만 내적인 삶을 추구하지 않는 사람들에게도 심한 박해를 받는다.

오히려 종교적인 열심을 가진 사람 중에 어떤 사명감을 가지고 박해하는 이들도 있다. 우리 시대와 우리보다 먼 옛날에도 이런 일은 있었고 어쩌면 앞으로도 변하지 않을 거라고 생각한다. 사람들은 자신이 걸어가고 있는 길 외에는 어떤 길도 옳다고 인정하려하지 않기 때문이다.

　그러나 내면적 삶을 추구하는 그리스도인들이 받는 가장 맹렬한 공격은 하나님에 대한 헌신을 가장한 거짓 헌신의 소유자들인 위선적 그리스도인들로부터 온다. 이 위선적 그리스도인들의 내면에는 거짓된 인격, 악과 위선이 존재한다. 내적인 삶을 추구하는 그리스도인은 이것을 인식한다. 어떤 면에서는 그것을 인식하는 모습이 내면의 길을 반대하는 자들에게 적개심을 불러일으키기도 한다. 그것은 거의 천사들과 마귀들의 싸움을 방불케 한다.

FINAL STEPS
IN CHRISTIAN MATURITY

 내게 큰 고통을 안겨주는 영혼들이 있다.

그들은 언제라도 타협하며 공론으로 가득하고 다른 이들이 자신들의 의향대로 따라주기만을 바라는 이기적인 영혼들이다. 나는 그들의 강한 '자기애' (self-love) 때문에 더 이상 그들에게 아무것도 줄 수 없는 내 모습을 본다. 설혹 내가 그런 시도를 한다고 하더라도 나보다 강한 주님의 손이 나를 제지하신다. 하나님께서 그들에게 마음을 내어 주시지 않는 것처럼 나 역시 더 이상 그러한 사람들에게 마음속의 어떤 공간도 내줄 자리가 없다. 나는 그들의 피상적인 관계에 나를 적응시킬 수 없고 그들의 우정에 응할 수도 없다. 게다가 그들에 대한 혐오스러운 느낌을 떨쳐 버릴 수도 없다.

제장

하나님이 질투하시는
이유는 무엇인가?

주님은 마음이 나뉜 영혼을 기뻐하지 않으신다.
전적으로 하나님께만 헌신한 자들을 사랑하신다.

하나님은 질투하시는 분이시다. 하나님이 질투하시는 이유는 무엇일까?

무엇보다 아무 주저함이나 거리낌 없이 그분에게 온전히 헌신하는 그리스도인들이 너무 소수이기 때문이다. 그들이 너무나 소수라서, 그분은 도무지 경쟁자를 허용하실 수가 없다. 주님은 마음이 나뉜 영혼을 기뻐하지 않으신다. 전적으로 하나님께만 헌신한 자들을 사랑하신다. 그런 자들만 자신의 특별한 소유로 인정하시며 그들에 대한 모든 권리를 행사하신다. 물론, 그 경우에도 그들의 자유 의지를 침해하시지는 않는다. 무엇보다도, 그들의 헌신과 포기는 공개적이고 진심에서 우러나온 것이며 절대적인 자발성에 의한 것이기 때문이다. 그럼에도 불구하고 하나님은 질투하신다. 그분은 그들 안에 있는 결함을 참으실 수가 없다. 주님이 선택하신 자들이며 가슴 속 가장 깊은 곳에 품고 계시는 자들이기 때문이다. 종종 그들의 진가를 인정할 줄 모르는 세상의 호기심어린 시선이 그들에게 닿는 것을 허용하시지 않는다. 그들은 주님 안에 깊숙이 감추어진 보배로운 존재들이다.

FINAL STEPS
IN CHRISTIAN MATURITY

 내 마음속에 깃들인 사랑은

내가 자연스럽게 만들어낼 수 있는 그런 사랑이 아니다. 그것은 심층 깊은 곳에서 솟아나는 사랑이며 하나님의 마음과 일치하지 않는 것을 거부하는 심오한 사랑이다.

제21장
인간의 자유의지를
어떻게 이끄시는가?

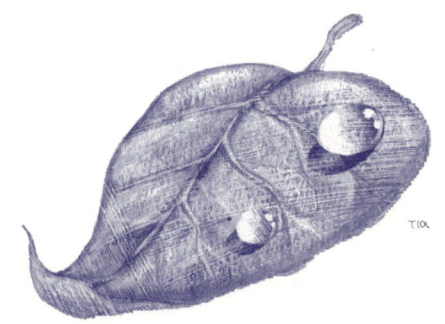

마음이 돌아오고 조금씩 열리는 즉시
은혜의 이슬은 그 마음속으로 부드럽게 스며들어간다.
그리고 내리는 사랑의 양에 따라
주님을 향한 마음속의 사랑도 자라게 된다.

하나님은 그리스도인들과 끊임없이 화해를 시도하신다. 삶의 모든 순간마다 하나님은 당신뿐만 아니라 모든 사람들에게 무한한 사랑과 자비를 부어주신다. 그분은 소통하시는 분이기에 자신의 선물을 받기 원하는 모든 사람에게 반드시 자신을 전달하신다. 하늘 아래 있는 모든 것 위에 이슬이 내려앉듯, 끊임없이 자신을 전달하고 계신다.

그러나 하나님은 인간을 자유자로 창조하셨다. 인간은 하나님께 자신의 문을 닫아두고 열어 주지 않을 자유의지가 있다. 심지어 하늘에서 내리는 이슬에 젖지 않도록 피할 힘도 있다. 하나님께 등을 돌릴 수도 있고 주님의 길에 쉬지 않고 방해물을 가져다 놓을 수도 있다. 하나님을 막지만 않는다면 당연히 그분의 자비하심의 이슬이 그를 찾아오는데도 말이다.

인간이 의도적으로 하나님께 문을 닫아 걸지만 않는다면 하나님을 만날 수 있다.

인간이 쳐놓은 장벽들을 조금씩 제거하기 시작한다면 과연 어떤 결과가 나타날까? 사람은 그대로 놓아두면 주님 쪽으로 향하게 되어 있다. 쉼 없는 그분의 사랑이 사람들의 마음 위로 비처럼 쏟아져 내릴 때 주님을 향해 얼굴을 돌리지 않을 사람은 아무도 없다.

마음이 돌아오고 조금씩 열리는 즉시 은혜의 이슬은 그 마음속으로 부드럽게 스며들어간다. 그리고 내리는 사랑의 양에 따라 주님을 향한 마음속의 사랑도 자라게 된다. 그 사람이 하나님을 향해 마음을 더 넓게 열수록 내리는 이슬의 양도 더 풍성해진다.

당신이 꼭 기억해야 할 것이 있는데, 사랑은 스스로 자신의 길을 준비한다는 것이다. 주님 자신을 제외하면 그 누구도 주님의 길을 예비할 자가 없다. 그분은 당신의 마음을 준비시키시고 당신의 마음을 풍성함에서 풍성함으로 인도하신다. 그분은 넓히시는 분이다. 그리고 넓히신 후에는 그것을 채우시는 분이다.

주님은 비어 있는 마음을 극도로 싫어하신다.

주님께서 때로 사람들의 영혼을 공허함(비움)과 벌거벗음의 상태로 몰아넣으시는 것처럼 느껴지는 것도 사실이지만 그러한 황폐함은 외적인 것일 뿐이다. 그것은 단지 황폐함이라는 외양에 불과할 뿐, 분명한 것은 그 순간에 하나님께서 당신의 삶에서 하나님이 아닌 모든 것을 몰아내신다는 것이다. 하지만 하나님이 사랑이신 것처럼 인간의 영혼 속에 그분 자신(그 외의 어떤 것도 아닌)만을 허용하실 수 있다는 사실을 기억해야 한다. 한 영혼 안에 있는 주님 외의 모든 것은 하나님께는 견디기 어려운 것들이므로 반드시 제거되어야 한다. 그러므로 그분은 그 성도 안에 자신이 거할 충분한 공간을 가지시기 위해 이 피조물을 정결하게 할 수단을 가동하시며 그 영혼의 마음을 넓히시고 확장하신다.

『기도문』

오 거룩한 사랑이시여, 나의 주님이여! 그와 같이 정결함을 얻기 위해서 복종할 심령들이 어디 있나이까? 당신의 손에 의해 넓혀지고 확장되도록 스스로를 내어줄 사람은 누구입니까? 우리 안에서 이루어지는 당신의 손길이 가혹하게 느껴지는 것은 단지 우리 자신이 순결하지 않기 때문임을 고백합니다. 우리의 눈을 여셔서 당신이 언제나 온유하시며 다정하신 분이심을 보게 하소서.

한 영혼이 주님께 마음 문을 열고 당신의 들어오심을 허용할 때, 비록 큰 망설임 끝에 그렇게 한 것이라 하더라도, 그것은 참으로 경이로운 일입니다. 그러한 심령들 속에 찾아오시는 당신이 얼마나 의로우신지요. 또한 무한

하시고 순결하신 하나님이 거하시기에는 그곳이 얼마나 좁고 불결한 곳인지요.

오 사랑이시여, 우리의 주님이여! 당신은 전능자가 아니신지요? 당신께 반항하는 것 외에 우리의 자유를 다른 용도로 사용해서는 안 되는 것인지요? 주님, 우리가 당신을 저항하기 위해 사용하는 이 능력이 얼마나 슬픈 선물인지요?

오, 의지의 자유! 너의 유일하고 올바른 용도는 주님께 자신을 온전히 희생하는 것이리라.

그렇습니다, 하나님! 우리의 유일하고 진정한 용도는 모든 것을 당신께 희생하는 데 있습니다.

FINAL STEPS
IN CHRISTIAN MATURITY

 나는 어린아이를 보면

언제나 껴안게 되고 어린아이와 같이 순수한 영혼의 소유자에게는 항상 따스한 애정을 느낀다. 내가 보는 것은 그 사람의 겉모습이 아니라 그 영혼의 상태와 하나님과 그 영혼의 닮은 모습, 그리고 하나님과 하나되기를 원하는 영혼의 갈망이다. 유일하게 완전한 연합은 하나님 안에서 이루어지는 영혼의 연합이기 때문이다. 부활의 생명이 그리스도인들의 영혼 속에서 완전한 능력을 갖게 된 후 하늘과 땅에서 이루어질 일들이 바로 그러한 것이다.

영적 성숙은
살아있는 동안 완성될까?

내면적 삶은 여기 이 땅에서 시작된다.
더불어 내면적 삶의 진보 역시 이 땅에서 이루어진다.
쉬지 않고 계속 하나님을 추구하려는 갈망과 굶주림은
오늘을 살아가는 우리들이
바로 이 땅에서 갖는 마음이다.

내적인 성숙의 길에 대해 말하는 대부분의 사람들은 그것이 천국에서 완성될 것이라고 주장한다. 나 역시 주님이 주시는 은혜와 은총으로 인해 그곳에서 내적인 성숙의 삶이 완벽하게 이루어질 것을 믿고 있다. 또한 천국에서 모든 성장과 장점의 완성, 지금 우리 내면 깊숙이 자리한 진리에 대한 열매와 보상과 밝고 구김 없는 향유를 보게 될 것이라 확신한다. 그러나 내적인 삶 그 자체만을 두고 이야기한다면, 우리가 지금 살고 있는 이 땅에서 그리고 매일의 삶 속에서 완벽한 분량으로 이루어질 것이라고 감히 말하고 싶다. 내적인 성숙의 최종적인 완성까지도 말이다.

무엇보다도, 내면적 삶은 여기 이 땅에서 시작된다. 더불어 내면적 삶의 진보 역시 이 땅에서 이루어진다. 쉬지 않고 계속 하나님을 추구하려는 갈망과 굶주림은 오늘을 살아가는 우리들이 바로 이 땅에서 갖는 마음이다(그분과 반대되는 것이면 모두 피하고 멀리하며 그분과 맞지 않는 모든 것에서 정결해지고자 하는 갈망).

뿐만 아니라 내면적 삶의 종착지 역시 이 땅이다. 나는 여기서 '안식의 상태'와 주권적인 선 안에서 누리는 '만족의 상태'에 대해 말하고 있다. 하나님 안에서 누리는 '안식의 상태'는 모든 영혼이 하나님을 알기를 추구하던 처음 순간부터 소망하던 목표였다.

현재의 삶에서 내면적 삶의 완성인 성숙이 이루어진다고 해서, 이것이 천국에서 계속될 하나님 안에서의 진보를 가로막는다고 생각한다면 오해다. 이 성숙의 상태가 이 땅에서 완성될 수 있지만(다시 말해서, 피조물의 행위와 관련된 한) 당연히 그것은 하나님의 완전케 하시는 손길과의 관계 속에서만 진정한 완성이 된다.

이 문제가 내게 어떤 식으로 다가오는지 우리 몸을 예로 들어 설명하고자 한다.

우리는 몸에 필요한 모든 지체를 가지고 있을 때 몸이 완전하다고 표현한다. 우리 주변에는 다리를 절거나 눈이 보이지 않는다거나 하는 신체적 결함을 가진 사람들이 있다. 그들은 한두 개의 지체의 결함 외에는 몸에 필요한 다른 모든 지체를 가지고 있다. 그럼에도 한두 개의 그 부자유한 지체를 보며 그들을 온전하지 않다고 생각한다. 차이가 존재하는 것이다. 우리는 성숙하고 모든 면에서 균형이 잡힌 인체, 그래서 모든 지체들이 온전하게 사용될 수 있는 몸을 원한다.

하지만 이러한 성숙 외에도 또 다른 형태와 아름다움이 존재한다. 그것이 무엇일까? 몸의 지체들이 완전하고 성숙할 뿐 아니라 각각의 지체들이 성숙하고 조화롭고 완벽한 형태를 갖춘 몸과의 관계에서 온전한 비율과 색상과 조화를 갖출 때 그 몸은 아름다운 것이다.

아름다움과 조화와 비례를 찾아볼 수 있을 때, 우리는 각 지체나 전체적인 하나의 몸으로서 인체가 완전하고 성숙하다고 생각한다. (나는 인간의 몸이 영화롭게 될 때 함께 얻게 될 완성과 비교한다면 이것은 아무것도 아니라는 것을 부정하지 않는다. 몸이 갖는 현재적 성숙은 부활하여 영광 가운데 서게 될 미래의 몸과 비교도 될 수 없기 때문이다.)

그래서 나는 온전하게 성숙된 내면적 삶을 이와 동일한 방식으로 바라본다. 물론 유한성이 불멸을 덧입고 몸도 하나의 영적인 실재가 되는 천국에서는 우리의 내면도 완전히 다른 완전함을 향유하게 될 것이다.

그럼에도 불구하고, 여기 이 땅에서 이루어지는 성숙, 각 지체가 완전하고 온전하며 성숙하고 모든 지체가 나머지 지체들과 조화를 이루는 것, 그렇게 함으로써 성장과 비례와 아름다움과 조화에 있어 완벽하게 성숙된 통합체를 이루는 성숙이 가능하다고 보는 것이다.

FINAL STEPS
IN CHRISTIAN MATURITY

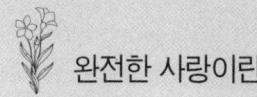 완전한 사랑이란

이기적으로 생각하는 것이 무엇인지 모르는 것이다.

제 23 장

하나님의 심오함으로
들어가는 마지막 관문

'어두운 밤'을 깊이 이해할 수 있는 또 다른 방법은
어둠 속에 있다가 빛이 강렬하게 비칠 때
사물들의 끔찍하고 충격적인 실체가
훨씬 더 적나라하게 드러난다는 것을 깨닫는 것이다.

십자가의 성 요한은 영적 순례자가 하나님의 심오함으로 인도받는 도중에 거치는 몇 가지 정화 단계에 대해 말한다. 그는 첫 번째 단계를 '감각의 밤'(night of the senses)이라고 부르고 마지막 단계를 '영의 밤'(night of the Spirit)이라고 부른다. 특히 하나님이 나머지 모든 단계보다 훨씬 더 온전히 영혼에게 하나님 자신을 소통하시는 때는 바로 이 '영의 밤'이라고 불리는 마지막 단계에서이다.

여기에는 당신의 생각으로는 이해할 수 없는 부분이 있고, 또 설명할 수도 없다. 그렇지만 진실이다.

영의 밤의 어둠이 순도가 높으면 높을수록, 그 밤이 나타나는 모습도 장엄해진다. 신랑의 부재가 끔찍할수록 신랑을 향한 정결함은 더 완벽해지고 더 커지듯이 말이다.

하나님이 당신에게 자신을 숨기시는 방법이나 계시하시는 방법이나 비슷한 것 같다.

최종적인 영의 밤의 경험은 다른 어떤 것보다 우리에게 훨씬 더 처절한 고통을 안겨 준다. 그리스도인들의 영혼은 신랑의 부재 이외에도 자기 자신의 비참한 상태에 대한 심각한 자각으로 압도당한 상태다. 일반적으로 이럴 때 거의 언제나 고난이 있고 사람들의 박해가 잇따른다. 마치 사탄이 직접 박해를 가하는 것 같다.

어떤 그리스도인도 실제로 이 영의 밤을 직접 경험해 보지 않고서는 이 무서운 환난을 이해할 수 없다.

주님이 자신의 모습을 숨기시고 외면하실 때 '밤'과 '죽음'이라는 표현은 매우 적절하다.

주님은 빛이시다. 당신 영혼의 빛이시다. 빛이 사라질 때 우리의 영혼은 두려움에 빠진다. 하지만 '어두운 밤'을 깊이 이해할 수 있는 또 다른 방법은 어둠 속에 있다가 빛이 강렬하게 비칠 때 사물들의 끔찍하고 충격적인 실체가 훨씬 더 적나라하게 드러난다는 것을 깨닫는 것이다. '영의 어두운 밤'을 당신의 진정한 실체에 대한 진실이 드러나는 끔찍한 시기라고 생각하라. 당신이 비록 이해할 수 없는 이 경험을 통과할지라도 그리고 또 다른 새벽

이 밝아올 것이라는 희망을 철저히 포기한 순간일지라도, 주님께는 어둠조차도 빛이 된다는 사실을 기억하라.

Final Steps in Christian Maturity

24 모든 것이 다시 회복되다   25 자아가 철저하게 파괴되다   26 더 깊은 사랑으로 지식을 낳는다
27 성경을 더욱 깊이 이해하고 따른다   28 또 다른 광야, 새로운 사역지로   29 모든 것을 하나님
께 맡기라   30 길과 진리와 생명이신 예수를 따르라   31 다볼산 후에는 갈보리의 십자가가 있다
32 하나님 안에서, 하나님에 의해서, 하나님을 위해서

3부

영적 성장의 마지막을 넘어서며

: 변함없이 사랑 체험하기

제24장
모든 것이
다시 회복되다

성경이 말하는 자유는
오직 주님이 소유한 자유를 함께 누릴 때만 이루어지는 것이다.

"나는 욥의 경험을 전체 영적 생활의 거울이라고 생각한다."

하나님은 욥의 재산을 모두 빼앗아가셨다. 나는 그의 재물이 은사와 은혜라고 생각한다. 그러고 나서 하나님은 다시 욥의 자녀들도 빼앗아가셨다. 이는 그의 능력이나 선행을 모두 빼앗고 우리가 가장 애지중지하는 무언가를 빼앗으신 것과 같다. 그 다음, 주님은 욥의 건강을 빼앗으셨다. 난 이를 그가 자랑으로 삼을 수도 있었던 덕을 상실한 거라고 생각한다. 더욱이 하나님은 그에게 몸이 썩어가는 병을 주시어 사람들에게 혐오와 경멸의 대상이 되게 하셨다. 심지어 이 거룩한 사람, 욥은 하나님께 범죄하고 자신을 하나님께 온전히 내어드리지 않은 사람으로 취급되기도 한다. 그래서 친구들에게 죄를 지었기 때문에 하나님께 정당한 형벌을 받고 있다는 비난을 듣기도 한다. 그에게 성한 곳은 단 한 군데도 남아 있지 않았다.

그러나 그의 몸이 썩어 진물을 흘리고 뼈에 살이 하나도 남지 않은 송장 같은 신세가 된 후에야 하나님은 욥에게 모든 재물과 자녀와 건강과 생명을 다시 회복해 주신다.

그리스도와 함께 십자가에 못박히고 묻힌 자들에게는 욥과 같은 일이 일어난다. 그들도 새로운 생명을 입고 부활한 후에 모든 것이 회복되지만 더 이상 자신의 자아에 애착을 갖지 않고 이전처럼 그것들을 사용하지도 않는다. 모든 것이 하나님 안에서 이루어짐을 인정하고, 마치 모든 것을 처음 사용하듯이 거룩하게 다룬다. 이 상태에 이르러야 비로소 진정한 자유와 진정한 생명을 소유한 것이다.

> "만일 우리가 그의 죽으심을 본받아 연합한 자가 되었으면 또한 그의 부활을 본받아 연합한 자가 되리라" (롬 6:5).

그렇다면 무능력하고 제한된 상태에 있는 것이 진정한 자유인가? 그렇지 않다.

> "그러므로 아들이 너희를 자유케 하면 너희가 참으로 자유하리라" (요 8:36).

성경이 말하는 자유는 오직 주님이 소유한 자유를 함께 누릴 때만 이루어지는 것이다.

제25장
자아가 철저하게
파괴되고 망하다

베어진 나무는 단순히 베어 버리기만 했기 때문에 언제라도 다시 싹을 틔울 수 있지만
욥의 삶은 뿌리째 뽑혀 생명의 흔적조차 사라져 버렸기 때문에
더 이상 싹을 틔울 수 없는 나무처럼 되어 버렸다.

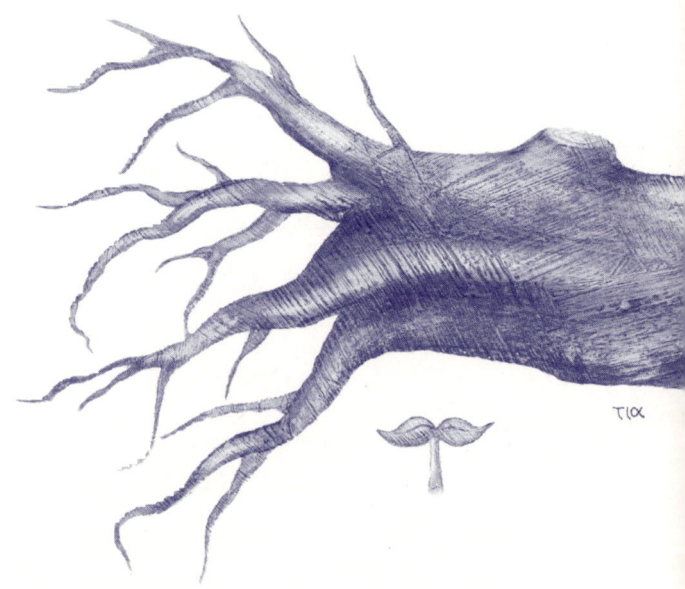

"그가 사방에서 나를 파괴하셨으므로 내가 파멸에 이르렀도다. 그는 뿌리째 뽑힌 나무처럼 내게서 모든 희망을 앗아가셨도다."

욥의 탄식에서 알 수 있듯이 한 영혼을 완전히 파멸에 이르게 하는 방법은 그 영혼이 의지하는 모든 것을 빼앗고 사방에서 그 영혼을 멸망시키는 것이다. 조금이라도 기댈 것을 발견하거나 자신을 지지해 줄 누군가를 찾게 되면 욥과 같은 완전한 파멸에 이를 수 없기 때문이다. 물에 빠진 사람이 지푸라기라도 잡는 심정으로 의지하고 붙잡을 무언가를 발견하면, 그 사람은 절대 물 속으로 빠지려 하지 않는다. 바다에 빠진 사람에게 물 위에 떠있을 수 있도록 무언가가 주어진다면 겨우 가는 실에 불과할지라도 끊어져서 못쓰는 게 아닌 한 어떻게든 붙잡으려 할 것이다.

마찬가지로 우리도, 우리 속에 파괴되지 않은 부분이 조금이라도 남아 있는 한 절대로 망하려고 하지 않을 것이다. 욥은 사방에서 철저히 자신을 파괴했기 때문에 확실하게 망할 수 있었고, 자신이나 하나님께로부터 오는 모든 희망이 끊어졌던 것이다. 뿐만 아니라 베어진 나무처럼, 아니 베어진 나무는 단순히 베어 버리기만 했기 때문에 언제라도 다시 싹을 틔울 수 있지만 욥의 삶은 뿌리째 뽑혀 버려 생명의 흔적조차 사라져 버렸기 때문에 더 이상 싹을 틔울 수 없는 나무처럼 되어 버렸다. 그렇다. 나무는 조금이라도 뿌리가 남아 있으면 다시 가지를 내고 싹을 틔울 것이다. 때문에 뿌리째 뽑혔다고 비유한 이 표현이 매우 적절한 것 같다.

우리 안에 자아 중심적인 생명도 마찬가지이다. 완전히 죽지 않으면 다시 힘을 얻어 싹을 틔우고 강해질 것이다. 때문에 우리에게 큰 자비를 베풀기 원하시는 하나님께서 조금도 인정을 베푸시지 않고 자아 중심적인 생명을 완전히 말살시키고자 하시는 것이다.

FINAL STEPS
IN CHRISTIAN MATURITY

 빛이 가장 약할 때 그늘도 가장 희미하다.

마찬가지로, 그리스도인들이 하나님 앞에서 가장 작아질 때 자신의 눈으로 보기에도 그들의 모습은 한없이 연약하다.

제 26 장
더 깊은 사랑으로
지식을 낳는다

하나님에 대한 지식은 보는 것이나 연구로 얻어지는 게 절대 아니다.
주님을 사랑함으로써만 얻을 수 있다.
하나님은 오직 사랑을 통해서만 하나님에 대한 지식을 주신다.

"사랑하는 자들아 우리가 서로 사랑하자 사랑은 하나님께 속한 것이니 사랑하는 자마다 하나님께로 나서 하나님을 알고 사랑하지 아니하는 자는 하나님을 알지 못하나니 이는 하나님은 사랑이심이라"(요일 4:7~8).

철학자들은 지성을 통해 하나님을 알기 위해 엄청난 애를 썼지만 하나님을 바르게 알지 못했다. 이는 그들이 그분을 사랑하지 않았기 때문이다. 세상에서 가장 학식이 뛰어난 자들의 온갖 지식에도 불구하고 하나님을 향한 사랑이 없다면 그것은 기만에 불과하다. 하나님 안에서는 사랑해야 참지식을 얻는다. 반면, 인간들은 그 사람을 알아가며 사랑한다.

　나는 인간이 그분을 알지 못하면 사랑할 수 없다는 것을, 다시 말해서 사랑과 경배를 받으시기에 합당하신 하나님이 살아 계심을 확신하지 못한다면 하나님을 진심으로 사랑할 수 없다는 것을 알고 있다. 하나님의 살아 계심을 알아야 인간이 그분을 사랑할 수 있는 마음이 생기며, 그분이 누구시며 어떤 영광과 찬송을 받으실 만한 분인지 진정으로 알게 된다. 그럴 때 참으로 그분을 사랑하게 되는 것이다. 이것은 오직 사랑을 경험함으로써만 얻게 되는 지식이다. 실제로 재산을 소유한 사람이 그렇지 못한 사람보다 소유의 실제 가치를 확실히 아는 것과 같은 이치다. "맛보면 알게 될 것이다."라는 글이 바로 이것을 의미한다. 때문에 하나님이 얼마나 사랑받으실 만한 분인지, 먼저 사랑의 맛을 보아야 한다. 그러면 그 사랑을 통해 얻은 참된 지식으로 그분을 바르게 알게 될 것이다.

경건이란 인간의 이해로는 도무지 파악할 수 없는 대상을 알려고 하는 이성적인 노력이라고 생각하는 자들이나 기도란 끊임없는 사유의 과정이어야 한다고 스스로를 설득시키는 자들은 얼마나 어처구니없는 실수를 범하고 있는가! 기도란 그런 것이 아니다. 진정한 기도란 주님과의 끊임없는 사랑의 행위이다.

효과적인 기도를 하기 원하는가? 그렇다면 주님을 많이 사랑하라. 그러면 확실하게 성공할 것이다. 지성을 만족시키지만 의지에는 아무런 자양분도 공급하지 않는 이성적 사유가 아니라, 사랑의 행위로 기도를 시작해 보라. 누군가의 말대로 '이성적 생각으로 하는 기도는 먹어도 빈 입에 불과할 뿐이다.' 라는 표현이 매우 정확한 것 같다. 주님께 당신과 소통할 기회를 드리면서 애정어린 마음으로 기도하고, 이 거룩한 분을 언제까지나 더욱 사랑하겠다는 소원과 진정한 사랑으로 기도를 끝마치도록 하라. 기도를 "끝마치라"는 의미가 무엇일까? 형제들이여, 곧이곧대로 기도를 끝마치라는 말이 아니다. 잠시라도 사랑하는 일은 중단하지 말라. 그러면 기도가 끊이지 않을 것이다. 하나님에 대한 지식은 보는 것이나 연구로 얻어지는 게 절대 아니다. 주님을 사랑함으로써만 얻을 수 있다. 하나님은 오직 사랑을 통해서만 하나님에 대한 지식을 주신다. 그래서 가장 많이 사랑하는 자가 가장 많이 안다.

그러므로 지식은 사랑을 통해 전달된다. 예수 그리스도께서 말씀하신 대로 하나님께서 우리에게 그분을 보이시고 우리 안에 계시하신 것은 우리 안에서 표현된 하나님의 사랑이다. 하나님께서 우리에게 자신을 계시하시는 만큼 우리가 하나님을 알 수 있을 뿐이며 하나님은 우리의 사랑에 비례해서 자신을 계시하시는 분이시다. 때문에 가장 많이 사랑하는 자가 사랑을 통해 가장 많이 주님을 알게 된다는 말씀은 진리다.

바울은 '이성'(natural senses)으로 하나님을 알려고 시도하는 사람들과 하나님을 알면서도 그분을 경배하지도 사랑하지도 않는 자들이 있다고 말한다(롬 1:18~22). 이러한 숭고한 대상에 대한 탁월한 연구도 사랑이 결여되었기 때문에 그들의 타락을 더 심화시키는 데 기여했을 뿐이다. 이것은 암묵적 지식이 사랑에 앞서 나타나기는 하지만 사랑이 지식에서 나오는 것이 아니라 지식이 사랑에서 나온다는 것을 우리에게 보여준다. 나중에는 사랑으로 인해 생긴 친숙함이 그 사랑을 더욱 자라게 하며 사랑의 성장은 더욱더 명확한 지식을 우리에게 허락한다. 이 과정은 영원히 계속되어 피조물은 영원토록 창조주를 사랑하며 더욱 깊은 지식을 갖게 되는 것이다. 이처럼 사랑의 새로운 불길이 피어날 때 새로운 지식이 습득된다.

진정한 사랑은 태우면서 따뜻하게 하거나 어둠을 밝힌다. 이것은 뜨겁게 하고 밝혀 주는 불의 두 가지 속성과 같다. 그러나 열을 생성하는 에너지가 동일하게 빛을 생성하기는 하지만, 불의 첫 번째 효과는 어둠을 밝히기 전에 먼저 뜨겁게 열을 내는 데 있다. 불의 성질을 면밀히 관찰하면 불의 성질은 열을 내는 것이며 불이 탈 때만 빛을 낼 수 있음을 알 수 있다. 발광을 하기 전 먼저 뜨거워지는 석탄을 보면 더 분명히 알 수 있다. 또한 빛이 있기 위해서는 먼저 열이 있어야 하고 그 후 다시 열이 남는다. 불 속에 던져 넣은 장작이 먼저 뜨거워지고, 빛을 내고 온기로 남는 것을 관찰해 보라. 이처럼 빛이 사라지더라도 열은 그대로 남는다는 사실은 열이 빛의 원리라는 것을 보여 준다.

사랑하며 타들어가도록 하자. 그러면 우리는 환해질 것이며 가장 진실한 지식을 갖게 될 것이다. 이 관계는 하나님에 대한 지식과 사랑의 밀접한 연관성을 보여준다.

이제 하나님에 대한 이 사랑은 우리가 이웃을 사랑할 수 있도록 만들어 준다. 사랑으로 하나님의 자녀가 된 우리가 하나님을 우리의 아버지로 사랑하도록 해준 그 사랑이 또한 이웃을 우리의 형제로 진심으로 사랑하게 해줄 것이다.

제 27 장

성경을 더욱 깊이
이해하고 따른다

용기를 갖고 약속의 땅으로 가는 도중에 만나는 어려움 때문에 낙심하거나 불평하지 말고 목적지까지 힘을 내도록 하자. 우리에게는 확실한 안내자가 계신다.

사람이 하나님의 전능하심과 그분의 사랑을 진심으로 믿게 될수록, 절대적인 자기 포기와 내어드림으로 하나님의 인도하심을 받게 될수록, 더 순수하게 하나님을 사랑할수록, 성경에 담겨 있는 진리들에 대해 더 깊은 깨달음을 얻게 될 것이다. 그는 모든 내적인 경험들을 단순하지만 명확하게 성경이 묘사하고 있다는 것을 발견하고 무한한 기쁨을 누릴 것이다. 그럴 때 이 사람은 홍해와 그 뒤에 이어지는 공포스러운 광야를 건네줄 안내자를 만나 기뻐하는 자신의 모습을 보게 된다. 하지만 과거의 모든 수고가 꿈처럼 아득하게 보일 약속의 땅에 도달하고 나서야 비로소 완전한 행복을 이해하게 될 것이다. 그는 자신이 훨씬 더 심한 고통을 감수해야 했더라도 너무나 엄청난 기쁨과 황홀함에 빠져서, 그동안 자신이 매우 비싼 대가를 치르고 그것을 소유하게 되었다고 생각지 않을 것이다.

애굽 땅에서 나온 그 수많은 이스라엘 사람 가운데 정작 약속의 땅에 들어간 사람은 단 두 사람밖에 없었다. 왜 이런 일이 일어났는가? 그것은 용기가 부족해서 자신들이 애굽을 떠난 것을 끊임없이 후회했기 때문이다. 만약 그들에게 용기와 믿음이 있었다면, 불과 몇 개월 만에 그곳에 도착할 수 있었을 것이다. 하지만 불평과 낙심은 40년 동안 그들을 길 위에서 방황하게 만들었다.

하나님께서 내적인 길로 인도하시기를 원하는 사람들에게도 이러한 일은 동일하게 일어난다. 하나님께서 더 순수하고 헐벗은 길로 걸어가라고 요구하실 때 그들은 애굽의 양파(안정과 빵의 상징 - 편집자주)가 그리워서 슬퍼했던 것이 아니라 확실하게 감지할 수 있는 감미로움이 그리워서 마음 아파했다. 그들은 만나와 같이 밋밋한 음식을 원했던 것이 아니라 더 확실하게 느낄 수 있는 무언가를 원했다. 그들은 하나님의 선하심을 맛보고 유익을 얻기는커녕 그들의 지도자에게 반항하며 하나님의 진노를 촉발시키고 노하심을 불러일으켰다. 그 결과 그들은 극히 먼 길을 돌아서 약속의 땅으로 가게 되었다. 그들은 한 발짝 앞으로 전진하면 네 발짝 뒤로 후퇴하는 꼴이 되었고, 결국 자신들의 잘못으로 약속된 목적지에 도달하지 못하게 되었다. 용기를 갖고 약속의 땅으로 가는 도중에 만나는 어려움 때문에 낙심하거나 불평하지 말고 목적지까지 믿음으로 힘을 내도록 하자. 우리에게는 확실한 안내자가 계신다. 낮에는 구름 기둥이 되어 주시는 이 안내자는 불타는 태양의 뜨거움에서 우리를 숨겨주며 확실하게 우리를 인도해 주신다. 또한 한 줄기 빛도 없이 캄캄한 밤이 계속될 때 우리를 안내하는 불기둥이 있다. 믿음이 어두워지고 불확실해 보일수록 더욱더 활활 타오르는 이 불기둥이 거룩한 사랑이 아니라면 무엇이겠는가? 내면의 이 숨겨진 만나에 만족하도록 하자. 그것은 우리의 오감이 그토록 간절히 원하는 천한 욕망의 고기보다 훨씬 더 훌륭한 자양분을 우리에게 공급해 줄 것이다. 매순간 탐욕의 무덤이 아니라 신비의 무덤을 선택하도록 하자.

제28장

또 다른 광야,
새로운 사역지로

두 염소를 제비로 뽑았다는 것과
여호와께서 그들에게 운명을 정해주신 것을 통해
우리는 깨끗함을 입은 모든 영혼이
다 사도적 삶으로 부르심을 받는 것은 아니라는 사실을 알게 된다.

"아론은 여호와를 위하여 제비 뽑은 염소를 속죄제로 드리고 아사셀을 위하여 제비 뽑은 염소는 산 대로 여호와 앞에 두었다가 그것으로 속죄하고 아사셀을 위하여 광야로 보낼지니라"(레 16:9~10).

두 종류의 광야가 있다. 첫 번째는 우리 자신과 관련이 있으며 다른 사람들을 돕기 전에 우리가 먼저 지나야만 하는 광야다. 일명 '우리 자신의 광야'로 일컬어지는 이곳은 세상의 모든 것들은 물론이고 우리 자신에게서도 분리시키는 곳으로서, 모든 것을 포기하게 하고 자기 자신을 버리게 만든다. 다시 말해, 우리 자신을 철저히 포기함으로써 마치 우리가 더 이상 존재하지 않는 것처럼 우리와 관련된 것에 더 이상 관여하지 않는 것, 그래서 가난한 우리 자신을 하나님의 손에 전적으로 맡기고 영원토록 그분 안에 완전히 자신을 내어 맡기는 것을 의미한다.

다른 한 광야는 사도적 인간(Apostolic man)이 종종 자신의 형제를 위해 추방되는 곳이다. 그는 자신의 연약함을 지고 하나님께 추방 당한다. 동시에 속죄양처럼 또 다른 섭리의 굴레를 지고 광야로 내쫓겨야 한다. 이것은 예수님의 사명과 사도적 삶의 확장이기도 하다.

  두 염소를 제비로 뽑았다는 것과 여호와께서 그들에게 운명을 정해주신 것을 통해 우리는 깨끗함을 입은 모든 영혼이 다 사도적 삶으로 부르심을 받는 것은 아니라는 사실을 알게 된다. 이 두 염소는 서로 다른 희생 제물로 여호와께 바쳐지기 위해 각각 하나님의 부르심을 받은 두 종류의 사람들을 대표한다. 어떤 이들은 특별히 하나님 안에 자신을 완전히 내어드리고 자아가 소멸됨으로써 하나님께 소속된다. 하나님께서는 이 영혼들을 가장 놀라운 은혜의 대상으로 삼으신다. 이들은 오직 그분만을 위해 예비되며 아무런 보호의 수단도 남아 있지 않은 상태에서 완전하고 무한한 하나님의 희생 제물이 되어야 한다. 한편 또 다른 염소로 대표되는 이들은 선한 일, 즉 거룩한 사역을 감당하도록 선택받으며, 그들은 거룩하게 그들의 사역을 마무리하고 하나님의 상급을 받게 된다.

FINAL STEPS
IN CHRISTIAN MATURITY

 하나님께 어떤 것도

억지로 취하지 않고 아무것도 거부하지 않으며 그분께 아무것도 요구하지 않는 것, 이것이 위대한 완전함이다.

제 29 장

모든 것을
하나님께 맡기라

주님은 오직 우리를 부유케 하시기 위하여 가난케 하시며,
그 영혼에게서 가져간 모든 것들에 대해,
은밀한 가운데 그 자신이 직접 대체물이 되어 주신다.

영혼의 벌거벗는 일은 하나님께 맡겨 드려야 한다. 그 영혼이 어떤 방해도 하지 않고 벌거벗는 일과 죽음의 전 과정을 받아들인다면 주님께서 그 일을 완벽하게 이루어 주실 것이다. 하지만 이 일을 자신의 자아로 이루려 한다면 그 영혼은 모든 것을 망쳐 버릴 뿐 아니라 신적인 일을 아주 평범한 일로 만들어 버릴 것이다. 때문에 우리는 '영혼이 모든 것을 벗어버려야 한다'는 말을 듣고 자신들의 힘으로 그 일을 시작하지만 결국 아무런 진전도 보이지 않고 항상 그 상태에만 머물러 있는 이들을 만나게 되는 것이다. 이는 그 사람들이 자신의 노력으로 자아의 옷을 벗어버리려 할 때 하나님은 더 이상 그들에게 그분의 옷을 입혀 주시지 않기 때문이다. 또한 벌거벗게 하시는 하나님의 목적은 오직 덧입히기 위한 것이라는 원리가 지켜져야 하기 때문이다. 주님은 오직 우리를 부유케 하시기 위하여 가난케 하시며, 그 영혼에게서 가져간 모든 것들에 대해, 은밀한 가운데 그 자신이 직접 대체물이 되어 주신다. 이 문제를 자기 자신의 힘으로 이루려고 하는 사람들에게는 이것이 적용되지 않는다. 그들은 실상 자신들의 잘못으로 하나님의 선물을 받지 못하는 것이다. 비록 모든 것을 소유했다 하더라도 결국 하나님을 소유하지는 못한 가여운 사람들이다.

FINAL STEPS
IN CHRISTIAN MATURITY

 당신이 하나님께 다가가기 위해

그분께서 주시는 모든 선물을 기꺼이 포기하는 신실한 마음을 보여 줄 때, 하나님은 넘치는 기쁨으로 당신이 기꺼이 포기하고 추구하지 않았던 바로 그 선물을 소나기처럼 넘치도록 베풀어 주신다.

제30장

길과 진리와
생명이신 예수를 따르라

사람의 마음은 신비롭게도
오로지 성령으로 인해 이 진리의 말씀을 받아들일 수 있도록 지어졌다.
이 마음은 작은 귀 두 개가 있다. 그 귀는 전적으로 성령님이 움직이신다.

"내가 곧 길이요 진리요 생명이니 나로 말미암지 않고는 아버지께로 올 자가 없느니라"(요 14:6).

나는 예수님의 이 말씀을 그분의 표현에 의지해 풀이해 보고 싶다.

"너희들을 인도하는 길이 바로 나다. 나는 너희들이 길을 잃거나 잘못된 길로 가도록 내버려 두지 않을 것이다. 그러므로 너희는 이 길로 걸어야 한다. 이는 내가 살았던 대로 살지 않고서는 아무도 나를 따라올 자가 없기 때문이다.

뿐만 아니라 이 길로 걸어갈 때만 이 길이 인도해 주는 진리 속으로 들어가게 될 것이다. 내가, 바로 나 자신이 이 진리다. 인자로서 나는 너희가 반드시 따라야 할 길이며, 말씀으로서 나는 그 말씀에 귀 기울이는 자들과 이 동일한 진리에 완전히 자신을 맡기는 자에게 교훈을 줄 진리다. 내 아버지의 진정한 발현인 내가 어찌 진리가 아니겠느냐? 하나님의 모든 지식이 완성되는 종착지인 내가 단언컨대 그분의 빛이며 그분의 진리임을 의심하지 말고 믿거라."

인간으로서 예수 그리스도의 삶을 따라갈 때 우리는 말씀으로 그의 진리 안으로 들어가게 된다. 그런데 어떻게 구체적으로 그분의 진리 안으로 들어갈 수 있을까? "이는 내 사랑하는 아들이니 내가 지식의 길로 낳았도다. 너희는 그의 말에 청종하라"는 아버지의 말씀에 귀를 기울임으로써 그의 진리 안에 들어가게 된다.

그분은 오직 하나님에 대해서만 말씀하실 수 있는 진리시다. 이 거룩한 말씀에 귀 기울이고 그의 진리 안으로 들어가는 것이 얼마나 놀라운 유익일지 상상해 보라. 사람의 마음은 신비롭게도 오로지 성령으로 인해 이 진리의 말씀을 받아들일 수 있도록 지어졌다. 이 마음은 작은 귀 두 개가 있다. 그 귀는 전적으로 성령님이 움직이신다. 그분이 듣기 위해서가 아니면 결코 움직이지 않을 것 같다. 하지만 말씀에 귀를 열면 나머지 모든 것들에 대해서는 귀를 닫아야만 한다는 것을 알리기 위해서, 무언가를 듣기 위해 한 귀를 열면 열수록 나머지 귀는 닫게 된다. 그리고 또한 말씀을 다 받아들이면 안에 계신 성령을 보호하기 위해 자신을 닫는다. 하지만 그것을 전달해 주신 그분께 이 성령을 다시 보내 드리기 위해서 동시에 다시 열게 된다. 이것은 인간의 마음이 하는 주된 일로서 마음의 한 가지 임무는 보내진 말씀에 귀 기울이는 것이다.

영혼이 인자이신 예수 그리스도의 길로 걸어가고 진리 즉 말씀이신 예수 그리스도 안으로 들어간 후에는 그의 생명을 새롭게 받아들이게 된다. 그리고 나서 그분은 그 영혼 안에 들어오신다. 다시 말하자면 그 안에서 성육신하신다. 그분이 사람이며 하나님이신 모습으로 영혼에게 생명을 주시기 위해 들어오시는 때가 바로 예수 그리스도를 따르고 진리이신 말씀 안에 들어온 후이다. 인간이면서도 신이시고 신이면서도 인간인 그분의 생명은, 오직 그분만이 살아 계시고 자신의 자아는 더 이상 존재하지 않는 영혼에게만 주시는 생명이다.

수차례 지적했지만, 이 모든 이야기는 신비주의적 의미로만 이해할 수 있다. 그럼에도 불구하고 아들로 말미암지 않고는 아버지께 나아갈 수 없으며, 유일한 길로서 그분을 따르지 않고서는 결코 구원을 받을 수 없다.

제  장

다볼산 후에는
갈보리의 십자가가 있다

베드로는 당면한 문제가 고난과 죽음임에도 불구하고
쉼과 생명을 추구했고,
갈보리의 희생 제사를 위해 나아가야 함에도 불구하고
다볼산의 영광을 요구했다.

'베드로가 예수께 여짜와 가로되 주여 우리가 여기 있는 것이 좋사오니 주께서 만일 원하시면 내가 여기서 초막 셋을 짓되 하나는 주를 위하여, 하나는 모세를 위하여, 하나는 엘리야를 위하여 하리이다"(마 17:4)

예수님은 그의 영광의 목격자가 될 세 사도를 택하셔서, 그들이 장차 올 고난을 견디고 주님이 고난받으실 때에 흔들리지 않으며 예수님의 수치스러운 죽음에도 불구하고 마음을 굳게 지킬 수 있도록 강하게 하셨다. 동시에 주님은 영의 상태에서 그들을 하나님께로 데려가 그곳에서 말씀의 생명에 대한 지식을 받도록 하셨다. 이는 그들이 하나님의 '신성'에 대한 심오한 지식에 이르러야 주님이 특별한 특권으로 그분의 '인성'의 영광을 그들에게 계시하셨다고 오해하지 않을 것이기 때문이다.

그때까지 세 사도는 그들에게 보여진 특별한 계시와 전에 베드로가 했던 공개적 고백만 듣고 예수님이 하나님의 아들이며 참된 하나님이라는 것을 아는 데만 만족하고 있었다. 그러나 너무나도 특별한 사랑을 받았던 이 세 제자들은 성부 안에 있는 말씀의 생명과 말씀 안에 있는 성부의 생명에 대해 더 심오한 지식을 받게 되었다. 그것은 예수 그리스도의 얼굴의 눈부신 광채와 눈이 부시도록 빛난 그분의 의복의 영광을 통해 잠깐이지만 매우 훌륭하게 표현되고 있다.

예수님의 생애는 전반적으로 평범한 삶으로 그분의 위격과 관련한 비범함이 거의 드러나지 않은 삶이었다. 그런데 예수님께서 변화하신 모습은 주님이 자신의 생애를 구별하기 원하셔서 일어난 현상이었고 내면에 감추어져 있던 영광이 외부로 반영되어 드러난 놀라운 모습이었다.

한 영혼이 하나님 안에서 진보를 이룰 때, 때로 내면에서 일어나고 있는 진보의 일부가 외부로 반영되어 드러날 때가 있다. 하지만 이런 일은 거의 드물다. 특별히 모든 것을 잃어버린 믿음의 영혼, 하나님께서 계속 숨기고 감추어 두기를 기뻐하시는 믿음의 영혼들에게는 더욱 그러하다. 예수님께서는 자신의 참된 본성을 숨기신 채, 인간이 되셔서 사람들과 같은 모습으로 자신을 드러내 보이시며 가장 많은 시간을 바로 이 평범한 모습으로 보내셨다.

게다가, 주님은 아주 짧은 시간 동안만 변화된 모습을 나타내셨을 뿐이다. 모든 사람들이 그분의 삶을 본받게 하고, 특별히 모든 것을 포기한 자들에게 영원한 삶의 모범과 은혜를 주시기 위해서 평범한 범인의 삶을 사셔야만 했기 때문이다. 우리의 인생이라는 것이 빛과 화려한 영광의 삶이라기보다는 오히려 믿음과 가슴으로 사는 삶이라는 것을 보여 주시기 위함이었다. 확언컨대 빛과 화려한 영광의 선물들은 일시적인 것에 불과하며 우리가 결코 갈망해서는 안 되는 은혜이다.

그럼에도 불구하고 예수 그리스도께서는 이 순간 '모든 상태'를 거룩하게 하셔야 했기 때문에 눈부시게 빛난 모습으로 변화되신 자신을 드러내셨다. 그것은 주님의 변화가 일시적인 은혜와 특별한 영광의 표식이 되도록 하시기 위해서였다. 뿐만 아니라 영혼이 말로 형용할 수 없는 순결함으로, 자아에서 해방되어 하나님 안으로 들어가도록 하시기 위함이었다. 또한 하나님의 거대하심 안에 몰입되도록 자신의 형체를 소멸하게 될 때 그 영혼 내부에서 일어난 변화의 상태를 예로 보여주시기 위해서였다.

이 변화는 한 사람의 영혼 깊은 곳에서 일어나며, 그 영혼의 변화가 외적인 변화로 드러나기까지는 오랜 시간이 소요된다. 그는 신적인 생명과 중심에 오랫동안 머물지만 이러한 외적인 변화는 매우 나중에 일어날 뿐이다. 하지만 그 일이 일어나면 예수 그리스도의 옷으로 상징되는 육신은 전적으로 천사가 지니는 순결함에 동참하게 된다. 동시에, 예수님의 얼굴이 해같이 빛나게 되었듯이, 그 영혼은 영의 가장 미묘한 부분에서 전적으로 빛처럼 변화한다.

예수님과 모세와 엘리야의 대화는 은혜의 복음이 시작되기 위해 율법의 엄격성이 중단되거나 폐지되었다는 것이다. 또한 예수 그리스도의 영이 내면적이라는, 다시 말하면 모든 "율법과 선지자들"의 영혼과 생명이라는 증거다. 모세와 엘리야는 그들 안에서 그리고 그들을 통해 일어난 모든 것이 예수 그리스도 안에서 그리고 예수 그리스도를 통해 성취되는 것을 보여준다. 때문에 이 두 선지자는 모든 순결한 영혼 속에서 주님을 통해 성취되어야 하는 것의 표상이나 상징이라는 것을 보여 주기 위해서 이 신비에 반드시 동참해야 했다.

그러나 주님이 고난받으시는 것을 막기 원했던 베드로는 주님이 영광을 향유하시며 계속 그 자리에 계시기 원했고 자신도 주님과 함께 그곳에 머무르기를 간절히 원했다. 베드로는 당면한 문제가 고난과 죽음임에도 불구하고 쉼과 생명을 추구했고, 갈보리의 희생 제사를 위해 나아가야 함에도 불구하고 다볼산의 영광을 요구했다. 우리도 오직 하나님만을 추구하는 소원을 주시려고 하나님께서 우리에게 여러 가지 선물과 안락함을 주셨을 때 그 안에서 만족함에 빠져 불신앙의 죄를 범하고 마침내 베드로보다 더 심각한 실수에 빠져드는 때가 얼마나 많은가! 아직 신앙의 진보를 이루지는 못했지만 하나님의 아들의 영광과 소통을 경험하고 있는 영혼은 더 나은 곳을 바라보기보다는 지금 자신이 머물고 있는 그곳에 안식처를 세우기 원할 수도 있다. 그들은 "이곳에서 안식하며 고요하고 평온한 생활을 위해 성막을 세우자."라고 말한다. 오, 가엾고 눈이 먼 영혼들이여! 베드로가 자신이 무슨 말을 하고 있는지 몰랐던 것처럼 당신은 자신이 무엇을 요구하는지 모르고 있다. 다볼산에서 중요한 것은 십자가에 대한 것이지 누림에 대한 것이 아니기 때문이다.

베드로는 여기서 영적인 길에 대해 완전히 초보자처럼 행동했다. 그는 옛 율법을 새 언약과 연결시키며 엘리야의 금욕을 예수 그리스도의 온유함과 결합하여 어떤 것도 놓지 않고 모두 가지려고 했다. 하지만 이 두 가지는 상호 배타적이다. 전자는 후자에게 반드시 자리를 내주어야 한다. 그럼에도 사람들은 처음에는 모든 것을 다 갖고 아무것도 잃지 않으려 하기 때문에 예수 그리스도의 성령에 굴복하지 않는다.

필요한 것은 오직 예수 그리스도를 위한 성막뿐이다. 종들은 주인에게 복종해야 하며 하나님께서 직접 임하시기를 원하면 인간은 모든 생각과 행사를 내려 놓아야만 한다. 이런 이유로 예수님의 성막은 영광스럽게 된 영혼보다 십자가에 못박힌 영혼들에게 더 만족을 준다.

FINAL STEPS
IN CHRISTIAN MATURITY

 중심을 발견한 영혼은
더 이상 외부에 존재하는 것들을 두려워하지 않을 정도로 강해진다.

제32장
하나님 안에서,
하나님에 의해서, 하나님을 위해서

하나님의 거룩하심은
하나님 안에서, 하나님에 의해서 그리고 하나님을 위한 것이다.
그러므로 우리들의 성결도 반드시
하나님 안에, 하나님에 의해, 하나님을 위한 것이어야 한다.

하나님께서 우리에게 요구하시는 성결은 하나님과 관련된 성결이다. 하나님의 거룩하심은 하나님 안에서, 하나님에 의해서 그리고 하나님을 위한 것이다. 그러므로 우리들의 성결도 반드시 하나님 안에, 하나님에 의해, 하나님을 위한 것이어야 한다. 그것은 오직 하나님 안에 존재해야 한다. 그렇지 않을 경우, 너무 사적인 것이 되어서 하나님께 속한 무언가를 자기화시킬 수도 있다. 또한 하나님께로부터 오지 않은 어떤 성결도 하나님의 성결로 불릴 수 없다. 오직 하나님에 의해 주어진 것이어야 한다. 마지막으로 성결은 하나님을 위한 것이어야 한다. 그분을 성결의 목적과 중심으로 삼아야 하며 그의 영광에 기여해야 한다. 그렇게 해서 하나님 안에 도달한 영혼은 이제 더 이상 그 자신 안에, 그 자신을 위해 그리고 그 자신의 힘으로 어떤 것도 소유하지 않게 된다. 오직 하나님께 내어드린 바 되어 모든 것을 오직 그분 안에서만 공급받게 되고 그것이 자신에게서 말미암지 않은 것처럼 그 영혼이 소유한 어떤 것도 그 자신을 위한 것이 아니게 된다. 오히려, 모든 것이 하나님께로부터 온 것처럼 모든 것이 다시 그분께로 흘러가는 것이다.

FINAL STEPS
IN CHRISTIAN MATURITY

 하나님을 만난 그리스도인들에게

영혼의 겨울은 더 이상 겨울이 아니다. 나머지 세 계절이 하나의 계절로 통합되는 때이다. 영혼은 영적 삶의 모든 계절을 통과해 내면의 겨울에 다다른다. 그리고 봄, 여름, 가을이 하나로 합쳐진 영구적인 계절로 들어가게 된다. 봄의 온화함이 여름의 열정을 막지 않으며 가을의 결실을 방해하지도 않는다. 마찬가지로 여름의 열기가 봄의 아름다움과 가을의 풍성함을 간섭하지도 않는다. 가을의 열매들이 봄을 향유하는 데 장애가 되거나 여름의 뜨거운 열심에 방해가 되지도 않는다. 오, 아름다운 땅이여. 그대를 소유할 수 있는 자들이 행복하도다!

에필로그 :
스스로 어떻게 판단하는지 주의하라

    악한 눈으로 나무를 바라보는 사람들은 그 나무의 열매들이 악하다고 생각한다. 어떤 사람들은 내게 위선이라는 죄를 뒤집어씌운다. 하지만 그러한 비난을 입증할 수 있는 증거가 어디 있는가? 세상적인 유익을 전혀 고려하지 않고 스스로 삶의 고난을 자처하며 여러 가지 형태의 십자가와 비방과 가난과 박해, 온갖 종류의 괴로움을 견디는 위선자라니 참으로 이상한 위선자이다. 이와 같은 위선자를 본 사람은 지금까지 단 한 명도 없을 것이라고 생각한다.

    이러한 것들이 위선과 관련된 것이라면 나는 그러한 모든 관련성을 부정한다고 말함으로써 나 자신에 대해 정당한 평가를 받고 싶다. 그렇게 해서 온 세계를 지배하는 여왕이 될 수 있었다거나 이 세상에서 살 동안 찬미의 대상이 될 수 있었다면 내게 맡겨진 고난의 몫을 결코 짊어지려고 하지 않았을 것이다. 이런 내 마음을 알고 계시는 하나님께 내 증인이 되어 주실 것을 요청한다.

나를 부르신 이는 세상이 아니라 하나님이셨다. 나는 감히 불복할 수 없는 목소리를 들었다. 나는 하나님만을 기쁘시게 해드리기를 소원했고 그분이 내게 무엇을 주셨기 때문이 아니라 오직 그분 자신 때문에 그분을 추구하였다. 그분의 뜻에 반대되는 일을 혹여 하게 된다면 차라리 죽는 편을 선택할 것이다.

이것은 내 심중에서 우러나는 마음이며 어떤 박해나 시련으로도 바꿀 수 없는 유일한 소원이다.

_ 잔느 귀용

사명선언문

너희가 흠이 없고 순전하여……세상에서 그들 가운데 빛들로
나타내며 생명의 말씀을 밝혀 _ 빌 2:15-16

1. 생명을 담겠습니다
만드는 책에 주님 주신 생명을 담겠습니다.
그 책으로 복음을 선포하겠습니다.

2. 말씀을 밝히겠습니다
생명의 근본은 말씀입니다.
말씀을 밝혀 성도와 교회의 성장을 돕겠습니다.

3. 빛이 되겠습니다
시대와 영혼의 어두움을 밝혀 주님 앞으로 이끄는
빛이 되는 책을 만들겠습니다.

4. 순전히 행하겠습니다
책을 만들고 전하는 일과 경영하는 일에 부끄러움이 없는
정직함으로 행하겠습니다.

5. 끝까지 전파하겠습니다
모든 사람에게, 땅 끝까지, 주님 오시는 그날까지
복음을 전하는 사명을 다하겠습니다.

서점 안내

광화문점 서울시 종로구 새문안로 69 구세군회관 1층
02)737-2288 / 02)737-4623(F)

강남점 서울시 서초구 신반포로 177 반포쇼핑타운 3동 2층
02)595-1211 / 02)595-3549(F)

구로점 서울시 동작구 시흥대로 602, 3층 302호
02)858-8744 / 02)838-0653(F)

노원점 서울시 노원구 동일로 1366 삼봉빌딩 지하 1층
02)938-7979 / 02)3391-6169(F)

일산점 경기도 고양시 일산서구 중앙로 1391 레이크타운 지하 1층
031)916-8787 / 031)916-8788(F)

의정부점 경기도 의정부시 청사로47번길 12 성산타워 3층
031)845-0400 / 031)852-6930(F)

인터넷서점 www.lifebook.co.kr